JAMIE OLIVER

7 IDEAS

Fotografías de LEVON BISS

Diseño de JAMES VERITY de SUPERFANTASTIC

Grijalbo

PAUL SMITH

Dedico este libro a *sir* Paul Smith, uno de los creativos más geniales y amables que ha dado este país. Gracias, Smithy, por ser un faro de luz para mí y para tantos otros. Con cariño, J x

CONTENIDO

IDEAS FÁCILES PARA EL DÍA A DÍA

En *7 ideas* te ofrezco nuevas ideas para esos ingredientes que ya conoces y te encantan. Todos estamos muy ocupados y nuestras exigencias diarias de tiempo y de espacio mental son cada vez mayores. El objetivo de este libro es darte soluciones y ayudarte a superar cualquier límite al que te enfrentes, con recursos simples y un montón de inspiración en el terreno de la comida para cada día de la semana.

LOS 18 INGREDIENTES PROTAGONISTAS

Por primera vez, me he fijado en los datos reales de lo que ponemos en la cesta de la compra cada semana y he elaborado este libro en torno a los 18 ingredientes protagonistas que se repiten. Sabiendo que todo el mundo suele recurrir al mismo repertorio breve de recetas, quiero ayudarte a ampliarlo y equiparte con algunos nuevos platos favoritos. *7 ideas* es el libro más centrado en el lector que he escrito.

MÁXIMO SABOR, CON MÍNIMO ESFUERZO

En los últimos tres años, dondequiera que vaya —reuniones de padres, actos públicos, encuentros casuales en la calle— me preguntan cuándo voy a escribir otro *5 ingredientes*. Fue la filosofía de ese libro de cocina lo que realmente conectó con la gente, así que he tratado de mantenerla aquí. Piensa en este libro como en el compañero de *5 ingredientes*. De nuevo, vamos a simplificar las cosas, a obtener el máximo sabor con el mínimo esfuerzo; queremos divertirnos, queremos recetas supersabrosas y fiables, que cumplan lo prometido. Eso es justo lo que encontrarás en estas páginas.

ME HE PROPUESTO DARTE SOLUCIONES

Mantenemos las mismas listas de pocos ingredientes junto con la guía visual y cantidades que van desde una sola ración hasta seis; tiempos claros, muchos trucos, atajos y, lo más importante, recetas deliciosas que siempre funcionan. Quería ofrecer una experiencia aún mejor que la de *5 ingredientes,* que responda aún más a tus necesidades. Sean cuales sean los obstáculos a los que te enfrentes, estoy seguro de que coinciden con los de otras personas y me he propuesto darte las soluciones en este libro.

«NO TENGO TIEMPO»

Desde recetas de 10 minutos hasta delicias de cocción lenta o en un solo recipiente (*one-pot*) con apenas preparación, en las que el trabajo duro lo hacen el horno o el fogón.

«NO SÉ QUÉ COCINAR… ESTOY ABURRIDO, NO SALGO DE LA RUTINA»

Con más de 120 recetas para elegir, da igual que te apetezca algo clásico, reconfortante, ligero, sustancioso o que te sorprenda: aquí encontrarás lo que necesitas.

«NO ENCUENTRO INGREDIENTES RAROS… NO QUIERO COMPRAR UN MONTÓN»

La mayoría de los ingredientes que encontrarás en este libro serán fáciles de localizar en supermercados corrientes. Deberías poder comprarlos en el camino del trabajo a casa.

«ODIO LAVAR CACHARROS»

No temas, querido lector: tengo muchos platos al horno y maravillas en un solo recipiente con los que recoger la cocina será pan comido. Consulta la página 11.

«NO SÉ COCINAR»

Tanto si eres un novato como un ninja de la cocina, estas recetas te serán de gran ayuda: son concisas, simples y, con un máximo de 8 ingredientes, no hay mucho que manipular.

«ME APETECE UN *TAKEAWAY*»

Si de verdad quieres pedir la comida, adelante, pero tengo muchos *fakeaways* (*takeaways* caseros) deliciosos para tentarte. Revisa la larga lista de la página 10.

RECETAS PARA DÍAS LABORABLES Y FINES DE SEMANA

Una nota rápida sobre nutrición: quiero que este libro te sirva para cocinar los siete días de la semana. Con esto en mente, el 72 % de las recetas pueden considerarse para cada día desde el punto de vista nutricional y un 28 %, ocasionales; piensa en días laborables y en fines de semana. En cada receta se detalla la información nutricional, para que puedas tomar decisiones fundadas sobre lo que comes.

HAZ LA COMPRA, ORGANÍZATE Y ¡A DISFRUTAR!

Espero haberte convencido de que este libro merece su justo lugar en un estante de tu cocina. Este es exactamente el tipo de comida que me encanta comer en casa con mi familia y que espero que quieras cocinar todos los días para ti y tus seres queridos. Echa un vistazo, inspírate, haz una foto de tu lista de ingredientes, compra, organízate y ¡ponte manos a la obra! Estoy impaciente por ver qué recetas te gustan más. No te olvides de colgar tus fotos con la etiqueta #JAMIES7WAYS, para que sepa qué estáis haciendo. ¡Que disfrutes cocinando!

INSPIRACIÓN PARA COCINAR

Los capítulos del libro recogen nuestros 18 ingredientes protagonistas. Sin embargo, a veces a mí me apetece más un cierto tipo de comida, por lo que he agrupado aquí algunos de mis géneros favoritos.

TAKEAWAYS CASEROS

ONE-POT

PLATOS AL HORNO

PASTAS FÁCILES

ENSALADAS DELICIOSAS

SOPAS Y BOCATAS

LA DESPENSA DE *7 IDEAS*

Me he limitado aquí a los cinco ingredientes que considero básicos para la cocina diaria. Es imposible cocinar sin tenerlos a mano y creo que deberían estar presentes siempre en cualquier despensa. Aunque la mía está llena de todo tipo de cosas, verás que estos 5 ingredientes aparecen con frecuencia a lo largo del libro y los necesitarás para cocinar cualquiera de las recetas. No se incluyen en las listas de ingredientes porque doy por supuesto que ya dispondrás de ellos antes de empezar a cocinar. Estos 5 son: aceite de oliva para cocinar; aceite de oliva virgen extra, para aliñar y terminar los platos; vinagre de vino tinto, como un buen todoterreno para la acidez y el equilibrio de los marinados, salsas y aliños; y, por supuesto, sal marina y pimienta negra como condimentos. ¡Con estos estarás bien preparado!

EL CONGELADOR ES TU MEJOR AMIGO

Para la gente ocupada de hoy en día, un congelador bien provisto es, sin duda, el mejor aliado. Ya sea para conservar ingredientes o para guardar raciones futuras cuando cocines por lotes, la comida se mantendrá maravillosamente detenida en el tiempo, lista y esperando para ayudarte cuando la necesites. Es obvio que, aunque este electrodoméstico sigue siendo increíble, es solo tan bueno como la comida que metes en él. Si haces bacht cooking, deja enfriar del todo la comida antes de meterla al congelador dividida en porciones para que se enfríe antes y puedas congelarla en un plazo de 2 horas. Envasa bien todo y etiquétalo para identificarlo en el futuro y evitar jugar a la ruleta del congelador. Descongela la comida en la nevera y consúmela en no más 48 horas. Si has congelado alimentos cocinados, no vuelvas a congelarlos tras recalentarlos.

HABLEMOS DE LOS UTENSILIOS

He simplificado bastante los utensilios empleados aquí: un juego de ollas y de sartenes antiadherentes aptas para horno, una plancha y una cazuela poco honda, tablas de cortar, algunas fuentes de asar resistentes y un juego de cuchillos decente. Algunos instrumentos de cocina te harán la vida mucho más fácil. Un pelador de verduras, un rallador de caja y un mortero son fantásticos para crear texturas y aumentar el sabor. Una batidora y un procesador de alimentos supondrán una ventaja, sobre todo si tienes poco tiempo. Las recetas se han probado en hornos con ventilador. En internet puedes encontrar conversores de temperatura para hornos convencionales, con °F y con gas.

ELIGE BIEN LA CALIDAD

Como suele ocurrir en la cocina, el éxito de las recetas guarda relación con la calidad de los ingredientes usados. No hay mucho que comprar para cada receta, así que espero que esto te sirva de excusa para esmerarte tanto como puedas y comprar la mejor carne, pescado o verduras que encuentres. Además, recuerda que si empleas productos de temporada, tu comida será más nutritiva, deliciosa y económica.

DISFRUTA DE LOS CONDIMENTOS

En este libro uso muchos condimentos, como el chutney de mango, el curry en pasta, la salsa de alubias negras y la teriyaki, el miso y el pesto. Pueden encontrarse en muchos supermercados y ser de una de una calidad extraordinaria. Garantizan el sabor y ahorran horas en la preparación. La mayoría son no perecederos, así que no es necesario usarlos demasiado rápido. Durante años, la prensa se ha burlado de mí diciendo que uso «trampas», pero yo estos ingredientes los encuentro geniales. Ayudan a que los platos resulten interesantes.

APRECIA LAS HIERBAS FRESCAS

Las hierbas aromáticas son un regalo para cualquier cocinero. En vez de comprarlas, ¿por qué no las cultivas tú mismo en el jardín o en una maceta en el alféizar de la ventana? Las hierbas añaden un sabor único a un plato sin necesidad de sazonar demasiado, lo que es bueno para todos. Además, poseen numerosas cualidades nutricionales, y eso nos gusta.

MEZCLAS DE VERDURAS ENVASADAS

En este libro he usado mezclas de verduras envasadas. En una bonita bolsa tienes verduras variadas, lo que significa más sabor y, con suerte, menos desperdicios. Ten en cuenta que algunas incluyen brotes de soja, que no deben comerse crudos y hay que calentar bien antes de servirlos.

LA CARNE Y LOS HUEVOS

En general, deberíamos comer más platos vegetarianos aparte de las verduras y legumbres típicas. Si quieres invertir en carne, es mejor optar por una ecológica de buena calidad, de animales criados con mayor libertad y bienestar. No tiene sentido comer carne si el animal no ha estado bien criado, con libertad para moverse, desarrollar comportamientos naturales y en condiciones saludables. Lo mismo ocurre con los huevos y cualquier cosa que los contenga, como la pasta: que sean siempre de gallinas camperas o ecológicos.

CENTRARSE EN EL PESCADO

El pescado es una deliciosa fuente de proteínas, pero desde el momento en que se pesca, su frescura empieza a deteriorarse. Por eso, deberías comprarlo y comerlo en el mismo día. Sé que para mucha gente esto no es práctico, pero solo puedo decirte la verdad, si no puedes consumirlo ese día, congélalo hasta que lo necesites o compra pescado congelado o en conserva de calidad, que también puede ser fantástico. Siempre que sea posible, elígelo de pesca responsable, busca el logo del MSC o habla con tu pescadero y sigue sus consejos. Intenta variar eligiendo opciones estacionales y sostenibles. Si solo puedes encontrar pescado de piscifactoría, asegúrate de que lleve el logo del ASC, para tener la certeza de que es de acuicultura responsable.

SELECCIONA LOS LÁCTEOS

En cuanto a los productos lácteos básicos, como la leche, el yogur y la mantequilla, pásate a los ecológicos. A diferencia de la carne, son solo un poco más caros y no podría recomendártelos más: hablamos apenas de céntimos para mejorar. Al comprar algo ecológico, optas por un sistema de alimentación mucho mejor que apoya los estándares más elevados de bienestar animal, para cuidar tanto el ganado como la tierra.

1

QUICHE DE BRÓCOLI FACILÍSIMA

PASTA FILO CON PESTO ROJO, QUESO CHEDDAR Y COTTAGE

2

BRÓCOLI ASADO CON ROMESCO

ALUBIAS MANTECA, ALMENDRAS AHUMADAS, SARDINAS Y TOSTADAS

3

RISOTTO CREMOSO DE BRÓCOLI

GORGONZOLA, LIMÓN Y UN TOQUE VIBRANTE DE ACEITE DE PEREJIL

4

ENSALADA DE BRÓCOLI Y HALLOUMI

TOMATES CHERRY ASADOS, CEREALES Y LEGUMBRES, MELOCOTÓN Y MENTA

5

SOPA MINESTRONE CON BRÓCOLI

PUERROS DULCES, PANCETA, ROMERO, PASTA, ALUBIAS Y PESTO

6

PIEROGI DE BRÓCOLI Y QUESO

SALSA SUPERRÁPIDA DE TOMATES CHERRY Y AJO CON CEBOLLINO

7

PASTA SIMPLE CON BRÓCOLI Y ATÚN

CHILE SECO, PIMIENTOS ASADOS, ACEITUNAS NEGRAS Y PARMESANO

BRÓCOLI

QUICHE DE BRÓCOLI FACILÍSIMA

PASTA FILO CON PESTO ROJO, QUESO CHEDDAR Y COTTAGE

6 RACIONES | 1 HORA Y 20 MINUTOS EN TOTAL

1 brócoli (375 g)

6 huevos grandes

1 cdta. colmada de mostaza inglesa

300 g de queso cottage

50 g de queso cheddar

3 cdas. de pesto rojo

270 g de masa filo

Precalentar el horno a 180 °C. Para el relleno, cortar y desechar el extremo duro del tallo del brócoli. Rallar el resto del tallo y separar los ramilletes. Batir ligeramente los huevos en un bol, añadir la mostaza, el queso cottage y el tallo de brócoli rallado. Rallar e incorporar el queso cheddar, agregar una pizca de sal marina y pimienta negra, y mezclar todo.

Diluir el pesto con 3 cucharadas de agua. Extender dos láminas de masa filo en un molde desmontable engrasado (25 cm de diámetro, 4 cm de altura), superponiéndolas en el centro. Pincelar con la mezcla de pesto y repetir las capas hasta usar toda la masa pincelando entre ellas con pesto. Enrollar y aplastar la masa en los bordes, como en la foto. Verter el relleno y luego agregar los ramilletes de brócoli. Colocar la quiche sobre una bandeja en la base del horno y hornear 50 minutos o hasta que esté dorada y cuajada. Dejarla reposar 10 minutos antes de probarla.

ENERGÍA	GRASAS	GR. SAT	PROTEÍNAS	H. CARB.	AZÚCARES	SAL	FIBRA
364 kcal	17,8 g	5,6 g	22,6 g	31,2 g	4,8 g	1,8 g	4,6 g

BRÓCOLI ASADO CON ROMESCO

ALUBIAS MANTECA, ALMENDRAS AHUMADAS, SARDINAS Y TOSTADAS

4 RACIONES | 55 MINUTOS EN TOTAL

2 brócolis (750 g)

4 dientes de ajo

1 bote de pimientos rojos asados (460 g)

320 g de tomates cherry maduros
   de varios colores

50 g de almendras ahumadas

2 latas de alubias blancas
   manteca (800 g)

5 rebanadas de un buen pan de soda

2 latas de sardinas (240 g)

Precalentar el horno a 180 °C. Cortar y desechar el extremo duro de los tallos de brócoli, partir por la mitad cada cabeza y disponerlas en una bandeja de asar. Añadir el ajo pelado y cortado en láminas, los pimientos escurridos y cortados en tiras, y los tomates cherry partidos por la mitad. Mezclar con 1 cucharada de vinagre de vino tinto, otra de aceite de oliva y un poco de sal marina y pimienta negra; recolocar el brócoli encima y asar 40 minutos.

Mientras, machacar la mitad de las almendras en un mortero. Verter las alubias junto con el líquido en una pequeña cacerola y cocinar a fuego medio-alto entre 10 y 15 minutos, o hasta que el líquido se haya reducido. Poner el brócoli asado en una tabla y verter el resto del contenido de la bandeja de asar en una batidora. Añadir las almendras restantes y una rebanada de pan troceada. Triturar hasta conseguir una mezcla homogénea y luego condimentar al gusto con vinagre de vino tinto, sal y pimienta. Tostar el resto del pan. Repartir la salsa romesco y las alubias en los platos calientes, y colocar sobre estas el brócoli asado. Esparcir las almendras machacadas por encima y servir acompañado de las sardinas y las tostadas calientes.

ENERGÍA	GRASAS	GR. SAT	PROTEÍNAS	H. CARB.	AZÚCARES	SAL	FIBRA
563 kcal	20,9 g	3,6 g	39,1 g	53,5 g	11,8 g	1,7 g	17,3 g

RISOTTO CREMOSO DE BRÓCOLI

GORGONZOLA, LIMÓN Y UN TOQUE VIBRANTE DE ACEITE DE PEREJIL

4 RACIONES | 40 MINUTOS EN TOTAL

1,5 litros de caldo de pollo o verduras

1 brócoli (375 g)

1 cebolla

2 filetes de anchoa en aceite

300 g de arroz para risotto

½ manojo de perejil de hoja plana (15 g)

1 limón

60 g de queso gorgonzola

Poner el caldo a hervir a fuego lento. Cortar y desechar el extremo duro del tallo del brócoli, cortar los ramilletes en trozos pequeños y picar finamente el tallo restante. Pelar y picar finamente la cebolla, y sofreírla en una cacerola grande y alta a fuego medio junto con el tallo de brócoli picado y una cucharada de aceite de oliva. Cocinar 10 minutos o hasta que se ablanden, revolviendo a menudo; luego, agregar las anchoas seguidas del arroz, para tostarlo durante 2 minutos. Añadir un cucharón de caldo y esperar a que se absorba del todo antes de incorporar otro, removiendo constantemente y agregando cucharones de caldo hasta que el arroz esté cocido; tardará entre 16 y 18 minutos. A mitad de la cocción, añadir los ramilletes de brócoli. Mientras, majar en un mortero la parte de las hojas del perejil y formar una pasta con una pizca de sal marina. Incorporar el zumo de medio limón y 2 cucharadas de aceite de oliva virgen extra.

Agregar al risotto la mayor parte del queso desmenuzado y el resto del zumo de limón, mezclar todo y sazonar al gusto. Añadir un cucharón más de caldo para que quede meloso y luego apagar el fuego. Tapar y dejar reposar 2 minutos. Añadir por encima el queso restante desmenuzado, rociar con el aceite de perejil y servir.

ENERGÍA	GRASAS	GR. SAT	PROTEÍNAS	H. CARB.	AZÚCARES	SAL	FIBRA
478 kcal	16,5 g	4,5 g	15,8 g	70,8 g	4,9 g	1,3 g	5,8 g

ENSALADA DE BRÓCOLI Y HALLOUMI

TOMATES CHERRY ASADOS, CEREALES Y LEGUMBRES, MELOCOTÓN Y MENTA

4 RACIONES | 1 HORA Y 10 MINUTOS EN TOTAL

320 g de tomates cherry maduros de varios colores

1 brócoli (375 g)

1 lata de melocotón en almíbar (415 g)

100 g de queso halloumi

2 paquetes de legumbres y cereales cocidos (500 g)

8 aceitunas (verdes y negras)

½ manojo de menta (15 g)

4 cdas. de yogur natural

Precalentar el horno a 140 °C. Cortar los tomates cherry por la mitad, mezclarlos con una cucharada de aceite de oliva y una pizca de sal marina y pimienta negra, y disponerlos en una bandeja de asar con el lado cortado hacia arriba. Asar lentamente durante 1 hora, o hasta que estén blandos y pegajosos.

Mientras, cortar y desechar el extremo duro del tallo del brócoli. Separar los ramilletes, cocerlos en una cacerola con agua hirviendo 5 minutos y luego escurrirlos. Con un pelador de verduras, cortar en tiras finas el resto del tallo del brócoli. Mezclar 2 cucharadas del almíbar de los melocotones, 2 de aceite de oliva virgen extra y 2 de vinagre de vino tinto, y revolver con la mitad con el tallo de brócoli cortado, para impregnarlo. En una sartén grande antiadherente, calentar a fuego medio-alto el halloumi, el melocotón escurrido y los ramilletes de brócoli. Dejar que se dore todo y, mientras, calentar la mezcla de legumbres y cereales según las instrucciones del paquete. Deshuesar las aceitunas y aplastarlas. En una fuente de servir, mezclar las legumbres y los cereales con el resto del aliño. Disponer encima todo lo demás y el halloumi y las hojas de menta troceados, y luego esparcir las cucharadas de yogur.

ENERGÍA	GRASAS	GR. SAT	PROTEÍNAS	H. CARB.	AZÚCARES	SAL	FIBRA
456 kcal	20,9 g	6,9 g	17,2 g	48,7 g	13 g	2 g	9,2 g

SOPA MINESTRONE CON BRÓCOLI

PUERROS DULCES, PANCETA, ROMERO, PASTA, ALUBIAS Y PESTO

4 RACIONES | 40 MINUTOS EN TOTAL

4 lonchas de panceta ahumada

4 ramitas de romero

2 puerros

1 brócoli (375 g)

150 g de restos de pasta seca

1 lata de alubias variadas (400 g)

1,5 litros de caldo de pollo o verduras

4 cdtas. colmadas de pesto verde

Cortar en tiras la panceta, ponerla en una cacerola grande y calentar a fuego medio. Cuando empiece a chisporrotear, añadir una cucharada de aceite de oliva y las hojas sueltas de romero, y revolver a menudo. Recortar los extremos de los puerros, partirlos por la mitad a lo largo y lavarlos; cortarlos en rodajas de 1 cm de grosor y agregarlos a la cacerola. Cortar y desechar el extremo duro del tallo del brócoli. Rallar el resto del tallo e introducirlo en la olla. Reducir el fuego a bajo y cocinar 10 minutos, o hasta que se ablande, removiendo con frecuencia. Cortar los ramilletes de brócoli en pequeños trozos y agregarlos a la olla con la pasta. Verter las alubias junto con el líquido y luego el caldo. Llevar a ebullición, tapar y cocer a fuego lento de 10 a 15 minutos. Sazonar al gusto y repartir en tazones calientes; agregar por encima del pesto y ¡que aproveche!

ENERGÍA	GRASAS	GR. SAT	PROTEÍNAS	H. CARB.	AZÚCARES	SAL	FIBRA
390 kcal	15,9 g	2,6 g	18,4 g	43,2 g	5,2 g	0,6 g	7,9 g

PIEROGI DE BRÓCOLI Y QUESO

SALSA SUPERRÁPIDA DE TOMATES CHERRY Y AJO, CON CEBOLLINO

2 RACIONES | 50 MINUTOS EN TOTAL

100 g harina leudante y algo más para espolvorear

1 huevo grande

1 brócoli (375 g)

25 g de queso cheddar

½ manojo de cebollino (10 g)

1 cda. de crema agria

2 dientes de ajo

1 lata de tomates cherry (400 g)

Mezclar la harina, el huevo y una pizca de sal marina hasta obtener una masa homogénea, y añadir un poco de agua si es necesario. Amasar 2 minutos en una superficie enharinada, cubrir y meter en la nevera. Cortar y desechar el extremo duro del tallo del brócoli. Separar los ramilletes, cortar los más grandes por la mitad y el tallo restante en trozos de 2 cm. Reservar un tercio de los ramilletes y cocer el resto y el tallo troceado durante 8 minutos en una olla con agua hirviendo. Escurrir y triturar; luego, agregar el queso finamente rallado, la mitad del cebollino picado y la crema agria. Sazonar al gusto y dejar enfriar. Pelar y picar el ajo. Dividir la masa en 8 partes y, con el rodillo, formar círculos de 14 cm y espolvorearlos con harina. Colocar el relleno en un lado de cada círculo. Pincelar la masa no cubierta con un poco de agua y doblarla sobre el relleno, retorciendo los bordes para sellarla, como en la foto.

Poner una sartén grande antiadherente a fuego medio con ½ cucharada de aceite de oliva, los pierogi y el brócoli reservado. Agregar 1 cm de agua hirviendo, tapar y cocer 4 minutos. Destapar y dejar que los pierogi y el brócoli se frían en un lado 4 minutos, o hasta que el agua se evapore y las bases se doren. Mientras, en la olla donde se hirvió el brócoli, poner una cucharadita de aceite y el ajo, y remover hasta que se dore ligeramente; verter los tomates, cocer a fuego lento 2 minutos y sazonar al gusto. Servir todo junto con el resto del cebollino por encima.

ENERGÍA	GRASAS	GR. SAT	PROTEÍNAS	H. CARB.	AZÚCARES	SAL	FIBRA
402 kcal	14,7 g	5,5 g	22,2 g	48,4 g	9,5 g	1,5 g	8,1 g

PASTA SIMPLE CON BRÓCOLI Y ATÚN

CHILE SECO, PIMIENTOS ASADOS, ACEITUNAS NEGRAS Y PARMESANO

4 RACIONES | **25 MINUTOS EN TOTAL**

1 brócoli (375 g)

4 dientes de ajo

½ cdta. de chile en copos

1 bote de pimientos asados de varios colores (280 g)

8 aceitunas negras

300 g de pasta seca tipo fusilli

40 g de queso parmesano

1 lata de atún en lomos en agua de manantial (145 g)

Cortar y desechar el extremo duro del tallo del brócoli. Cortar los ramilletes en trozos pequeños y picar finamente el tallo restante. Poner todo a fuego medio en una cazuela grande y poco profunda con una cucharada de aceite de oliva. Añadir el ajo pelado y finamente picado, y el chile en copos. Agregar los pimientos escurridos y cortados en tiras. Deshuesar las aceitunas, aplastarlas y añadirlas. Cocinar 10 minutos revolviendo a menudo.

Mientras, cocer la pasta en una olla con agua salada hirviendo según las instrucciones del paquete, y después escurrirla y reservar una taza del agua de la cocción. Añadir la pasta a la olla con el brócoli, agregar la mayor parte del queso parmesano rallado y mezclar todo; diluir la salsa con un poco del agua reservada de la cocción. Escurrir el atún y añadirlo desmenuzado. Sazonar al gusto, volver a mezclar, rallar por encima el queso parmesano restante y servir.

ENERGÍA	GRASAS	GR. SAT	PROTEÍNAS	H. CARB.	AZÚCARES	SAL	FIBRA
487 kcal	17,4 g	3,9 g	26,1 g	62,5 g	5,3 g	1,5 g	5 g

1 REMOULADE DE COLIFLOR
POLLO CRUJIENTE, TOMILLO, CEBOLLAS Y BAGUETTE

2 PASTA CON QUESO Y COLIFLOR
SALSA CREMOSA, MIGAS CON AJO Y HOJAS DE COLIFLOR

3 CURRY DE COLIFLOR Y GARBANZOS
LECHE DE COCO, TOMATES, PAN PLANO CASERO EXPRÉS Y MENTA

4 PASTEL DEL POLLO Y COLIFLOR
PANCETA AHUMADA, TOMATES CHEERY DULCES Y HOJALDRE

5 COLIFLOR AL HORNO CON HARISSA
PIMIENTOS, TOMATES Y CUSCÚS ESPONJOSO CON YOGUR Y MENTA

6 PASTEL DE ARROZ CON COLIFLOR
PAPADUMS, CEBOLLAS, CHILES FRESCOS, CILANTRO Y YOGUR

7 RISOTTO CREMOSO DE COLIFLOR
JAMÓN SERRANO SEDOSO, COLIFLOR ASADA, TOMILLO Y PARMESANO

COLIFLOR

REMOULADE DE COLIFLOR

POLLO CRUJIENTE, TOMILLO, CEBOLLAS Y BAGUETTE

2 RACIONES | 45 MINUTOS EN TOTAL

2 cuartos traseros de pollo

1 cebolla

½ manojo de tomillo (10 g)

50 g de cebollitas y pepinillos
    encurtidos

2 cdas. colmadas de yogur natural

1 cdta.de mostaza de grano

½ coliflor (400 g)

¼ de buena baguette estilo francés

Precalentar el horno a 180 °C. En una sartén antiadherente suficientemente amplia
y apta para el horno, poner a fuego medio el pollo con la piel hacia abajo, para que
quede crujiente. Pelar la cebolla, cortarla en rodajas de 1 cm de grosor, agregarlas
a la sartén y freír 10 minutos removiendo de vez en cuando. Añadir las ramitas de
tomillo y 2 cucharadas de vinagre de vino tinto, dar la vuelta al pollo de modo que
la piel quede hacia arriba y asarlo en el horno 30 minutos, y regarlo con su jugo
hacia la mitad del tiempo.

Mientras, picar finamente las cebollitas y los pepinillos encurtidos, y colocar en un
bol grande con el yogur y la mostaza, y 1 cucharadita del líquido de la conserva.
Mezclar bien y sazonar al gusto. Cortar muy finamente la coliflor y las hojas bonitas,
si es posible usando una mandolina (¡con cuidado!), o rallarla con un rallador
de orificios grandes. Mezclar la coliflor con la salsa para recubrirla bien y luego
repartirla en los platos. Cortar la baguette en rebanadas gruesas y ponerlas a tostar
sobre el pollo los últimos 10 minutos. Servir todo junto.

ENERGÍA	GRASAS	GR. SAT	PROTEÍNAS	H. CARB.	AZÚCARES	SAL	FIBRA
534 kcal	22,2 g	6,5 g	37,6 g	48 g	16,2 g	1,3 g	8 g

PASTA CON QUESO Y COLIFLOR

SALSA CREMOSA, MIGAS CON AJO Y HOJAS DE COLIFLOR

4 RACIONES | 30 MINUTOS EN TOTAL

100 g de pan de soda duro

2 dientes de ajo

½ coliflor (400 g)

1 cebolla

400 ml de leche semidesnatada

300 g de espaguetis secos

70 g de queso cheddar

Poner el pan troceado en un procesador de alimentos. Añadir el ajo pelado y las hojas bonitas de la coliflor. Agregar ½ cucharada de aceite de oliva, triturar hasta conseguir unas migas bastante finas y pasarlas a una sartén grande antiadherente. Cocinar a fuego medio 15 minutos, o hasta que estén doradas y crujientes, revolviendo de vez en cuando. Mientras, pelar la cebolla y picarla junto con la coliflor, incluido el tallo.

Transferir las migas crujientes a un bol y colocar de nuevo la sartén en el fuego. Verter la leche, añadir las verduras picadas y llevar a ebullición; luego, reducir el fuego a bajo, tapar y cocer a fuego lento. Al mismo tiempo, cocer la pasta en una olla con agua salada hirviendo, según las instrucciones del paquete. Poco antes de que la pasta esté lista, verter la mezcla de coliflor con cuidado en el procesador (no es necesario lavarlo), añadir el queso cheddar rallado y triturar hasta obtener una mezcla homogénea; sazonar al gusto y devolver a la sartén. Escurrir la pasta y reservar una taza del agua de la cocción. Mezclar la pasta con la salsa, diluyendo esta con un chorrito del agua reservada si es necesario. Servir con las migas crujientes para espolvorear por encima.

ENERGÍA	GRASAS	GR. SAT	PROTEÍNAS	H. CARB.	AZÚCARES	SAL	FIBRA
450 kcal	11,5 g	4,3 g	18,9 g	75,4 g	8,8 g	0,6 g	5 g

CURRY DE COLIFLOR Y GARBANZOS

LECHE DE COCO, TOMATES, PAN PLANO CASERO EXPRÉS Y MENTA

6 RACIONES | 50 MINUTOS EN TOTAL

1 coliflor bien grande (1,2 kg)

2 cdas. colmadas de pasta
de curry korma

375 g de harina leudante

2 latas de garbanzos (800 g)

1 lata de leche de coco ligera (400 ml)

500 g de tomates maduros

1 manojo de menta (30 g)

1 cda. colmada de chutney de mango

Precalentar el horno a 220 °C. Cortar la coliflor en ramilletes de 1-2 cm, picar finamente el tallo y las hojas bonitas, y disponerlo todo en una bandeja de horno profunda. Mezclar con la pasta de curry y 1 cucharada de aceite de oliva hasta recubrir todo de manera uniforme. Asar 30 minutos o hasta que la coliflor esté dorada y crujiente. Mientras, poner la harina en un bol con una pizca de sal marina; añadir 200 ml de agua poco a poco y mezclar para formar una masa. Amasar 2 minutos sobre una superficie enharinada y luego estirar la masa hasta que tenga 1 cm de grosor, presionando con los dedos para crear hoyuelos. Dejar reposar.

Precalentar el grill del horno a temperatura alta. Pasar la bandeja de la coliflor a un fuego medio en la placa. Añadir los garbanzos (junto con el líquido de la lata) y la leche de coco. Agregar los tomates troceados y cocer a fuego lento 10 minutos, removiendo de vez en cuando. Mientras, pincelar la masa con 1 cucharada de aceite y ponerla en el horno justo debajo del grill para hornearla 10 minutos, o hasta que se dore, con cuidado para que no se queme. Picar la parte de las hojas de la menta y reservar algunas hojitas, mezclar con el curry de coliflor y el chutney de mango, y sazonar al gusto. Servir el curry con la menta por encima y acompañar con el pan plano para mojar.

ENERGÍA	GRASAS	GR. SAT	PROTEÍNAS	H. CARB.	AZÚCARES	SAL	FIBRA
500 kcal	14 g	5,1 g	17,3 g	77,1 g	14,5 g	1,7 g	11,2 g

PASTEL DE POLLO Y COLIFLOR

PANCETA AHUMADA, TOMATES CHERRY DULCES Y HOJALDRE

4 RACIONES | 50 MINUTOS EN TOTAL

1 coliflor (800 g)

1 cebolla roja

4 muslos de pollo deshuesados
   y sin piel

4 lonchas de panceta ahumada

160 g de tomates cherry maduros

1 cdta. colmada de mostaza de grano

2 cdtas. colmadas de miel fluida

1 lámina (320 g) de hojaldre
   de mantequilla (frío)

Precalentar el horno a 220 °C. Desechar solo las hojas exteriores feas de la coliflor y cortar esta en cuartos. Blanquearla en una olla 5 minutos con agua hirviendo y después escurrirla. Mientras, pelar la cebolla y cortarla en sextos. Partir los muslos de pollo por la mitad. En una sartén antiadherente de 28 cm apta para el horno, freír a fuego medio-alto los trozos de pollo y la cebolla con 1 cucharada de aceite de oliva, una pizca de sal marina y mucha pimienta negra, hasta que se doren ligeramente, y remover de vez en cuando.

Añadir la coliflor a la sartén. Marear 5 minutos y luego desplazar todo a un lado de la sartén para freír la panceta hasta que quede crujiente. Agregar los tomates, la mostaza, la miel y 1 cucharada de vinagre de vino tinto, y mezclar bien. Cuando se haya dorado, extender la masa de hojaldre con el rodillo hasta que el tamaño alcance para cubrir la sartén; colocarla encima y, con una cuchara de madera, remeterla por los bordes. Hornear 25 minutos en la base del horno o hasta que el hojaldre esté dorado e hinchado. Usando unos guantes de cocina, poner un plato grande sobre la sartén y, con un movimiento decidido, pero con mucho cuidado, dar la vuelta al pastel y servirlo.

ENERGÍA	GRASAS	GR. SAT	PROTEÍNAS	H. CARB.	AZÚCARES	SAL	FIBRA
615 kcal	34,6 g	16,9 g	30,3 g	45,7 g	14,7 g	1,4 g	6,3 g

COLIFLOR AL HORNO CON HARISSA

PIMIENTOS, TOMATES Y CUSCÚS ESPONJOSO CON YOGUR Y MENTA

4 RACIONES | 1 HORA Y 20 MINUTOS EN TOTAL

1 coliflor (800 g)	2 cdas. colmadas de harissa rosa
3 pimientos de varios colores	300 g de cuscús
400 g de tomates maduros	1 manojo de menta (30 g)
1 cabeza de ajos	8 cdas. de yogur natural

Precalentar el horno a 220 °C. Desechar solo las hojas exteriores más feas de la coliflor y luego cortarla en cuartos. Cortar los pimientos en cuartos y los tomates por la mitad, y sacar y desechar las semillas. Separar los dientes de la cabeza de ajos sin pelarlos. Verter todo en una bandeja de horno grande y mezclar con 2 cucharadas de aceite de oliva y 2 de vinagre de vino tinto, la harissa, una pizca de sal marina y pimienta negra, y un chorrito de agua. Cubrir la bandeja con papel de aluminio y ponerla a fuego medio en la placa. Cuando empiece a chisporrotear, transferir al horno y asar 40 minutos.

Sacar la bandeja del horno, retirar el papel de aluminio e, inclinando la bandeja, recoger el delicioso jugo con una cuchara y reservarlo en una jarrita. Volver a introducir las verduras en el horno 20 minutos para que se doren. Poner el cuscús en un bol, añadir una pizca de sal y pimienta, cubrirlo con agua hirviendo y taparlo. Con una batidora, triturar la mayoría de las hojas de menta con 6 cucharadas de yogur hasta conseguir una textura suave, y luego mezclar ligeramente con el yogur restante. Remover el cuscús para que quede esponjoso. Calentar el jugo reservado. Pelar los dientes de ajo presionándolos. Servir todo junto con unas hojas de menta por encima.

ENERGÍA	GRASAS	GR. SAT.	PROTEÍNAS	H. CARB.	AZÚCARES	SAL	FIBRA
513 kcal	14 g	2,7 g	18,9 g	82,4 g	19,2 g	1,4 g	10,8 g

PASTEL DE ARROZ CON COLIFLOR

PAPADUMS, CEBOLLAS, CHILES FRESCOS, CILANTRO Y YOGUR

6 RACIONES | 45 MINUTOS EN TOTAL

2 cebollas	3 chiles frescos de varios colores
1 coliflor (800 g)	6 papadums crudos
3 cdas. de pasta de curry tikka	1 manojo de cilantro (30 g)
1 taza de arroz basmati (300 g)	6 cdas. de yogur natural

Pelar y picar finamente las cebollas y, en una sartén antiadherente de 28 cm, cocinarlas a fuego medio con 1 cucharada de aceite de oliva y un chorrito de agua durante 10 minutos, o hasta que estén doradas, y remover a menudo. Cortar la coliflor en ramilletes de 2 cm, picar finamente el tallo y las hojas bonitas. Agregar a la sartén junto con la pasta de curry y rehogar 5 minutos. Verter 1 taza de arroz y 2 tazas de agua hirviendo (600 ml). Pinchar los chiles y añadirlos enteros; agregar los papadums troceados y la mayoría de las hojas del cilantro. Remover bien, sazonar con sal marina y pimienta negra, tapar y cocer 15 minutos a fuego medio-bajo.

Cuando pase este tiempo, el arroz habrá absorbido todo el líquido. Destapar la sartén, rociar por todo el borde 3 cucharadas de aceite y aplastar con una prensa de patatas. Reducir el fuego a bajo y dejar que se cocine 5 minutos más para que se forme una costra crujiente, superdorada y fina. Dejarlo reposar tapado 10 minutos y luego despegar los bordes con una espátula. Con cuidado, volcarlo sobre una tabla o plato y esparcir por encima las hojas de cilantro restantes. Condimentar el yogur con pimienta negra y rociarlo con un poco de aceite de oliva virgen extra. Servir con el pastel.

ENERGÍA	GRASAS	GR. SAT	PROTEÍNAS	H. CARB.	AZÚCARES	SAL	FIBRA
279 kcal	13,1 g	2,2 g	7,9 g	33,3 g	7,5 g	4,5 g	1 g

RISOTTO CREMOSO DE COLIFLOR

JAMÓN SERRANO SEDOSO, COLIFLOR ASADA, TOMILLO Y PARMESANO

4 RACIONES | 45 MINUTOS EN TOTAL

1 cebolla

20 g de mantequilla sin sal

½ coliflor (400 g)

½ manojo de tomillo (10 g)

1,2 litros de caldo de pollo o verduras

250 g de arroz para risotto

50 g de queso parmesano

4 lonchas de jamón serrano

Precalentar el horno a 200 °C. Pelar la cebolla y picarla finamente en un procesador de alimentos. Pocharla en una cazuela grande a fuego lento con 1 cucharada de aceite de oliva y la mitad de la mantequilla, y remover de vez en cuando. Cortar ramilletes de 1 cm de la coliflor, mezclar con ½ cucharada de aceite, disponerlos en una bandeja de horno y asarlos 20 minutos, y añadir en los últimos 5 minutos las hojas sueltas del tomillo. Triturar finamente en el procesador los restos de la coliflor, el tallo y cualquier hoja bonita.

Poner el caldo a hervir a fuego lento. Echar el arroz y la coliflor triturada en la cazuela de la cebolla, y bajar el fuego a medio para tostarlos 2 minutos. Añadir un cucharón de caldo y esperar hasta que se haya absorbido del todo antes de agregar otro, revolviendo sin parar e incorporando cucharones de caldo hasta que el arroz esté cocido; tardará de 16 a 18 minutos. Echar un cucharón más de caldo para que quede meloso, rallar por encima el parmesano e incorporar el resto de la mantequilla. Sazonar al gusto y apagar el fuego. Cubrir y dejar reposar 2 minutos. Servir cada ración de risotto con la coliflor asada con tomillo y el jamón encima, y rociado con aceite de oliva virgen extra. Añadir un poco más de parmesano si se desea.

ENERGÍA	GRASAS	GR. SAT	PROTEÍNAS	H. CARB.	AZÚCARES	SAL	FIBRA
449 kcal	16,8 g	6,9 g	17,2 g	61,1 g	6,2 g	2,5 g	4,1 g

AGUACATE

SALSA HOLANDESA DE AGUACATE

PESCADO BLANCO AL VAPOR, ESPÁRRAGOS Y LIMÓN

2 RACIONES | 15 MINUTOS EN TOTAL

1 manojo de espárragos gruesos (350 g)

2 filetes gruesos de pescado blanco, sin piel y sin espinas (300 g)

2 cebolletas

1 limón

½ manojo de estragón (10 g)

1 aguacate bastante maduro

1 huevo grande

Verter 1 cm de agua en una olla grande fría. Cortar los extremos leñosos de los espárragos y colocar las puntas en la olla; luego, disponer los filetes de pescado encima. Cocinar al vapor a fuego alto con la olla tapada 5 minutos o hasta que el pescado esté bien cocido. Mientras, limpiar las cebolletas, cortar las partes verdes en trozos grandes y colocarlas en una cacerola pequeña a fuego fuerte con la mitad del zumo de limón, 1 cucharadita de vinagre de vino tinto, una pizca de sal marina y pimienta negra, y 100 ml de agua. Llevar a ebullición y poner mientras la mitad de las hojas de estragón en la batidora. Partir el aguacate por la mitad, deshuesarlo y añadirlo a la batidora junto con la yema del huevo. Agregar la mezcla caliente de las cebolletas y luego triturarlo hasta conseguir una textura sedosa; sazonar al gusto. Cortar la parte blanca de las cebolletas muy finamente y mezclarla con el resto de las hojas de estragón.

Servir el pescado y los espárragos sobre la salsa holandesa de aguacate, y aderezar el plato con la mezcla de estragón y cebolleta, y un chorrito de aceite de oliva virgen. Acompañar con gajos de limón para exprimir por encima.

ENERGÍA	GRASAS	GR. SAT	PROTEÍNAS	H. CARB.	AZÚCARES	SAL	FIBRA
304 kcal	15,5 g	3,4 g	35,8 g	5,3 g	4,1 g	0,8 g	1,9 g

QUICHE CON MASA BRISA DE AGUACATE

RELLENA DE GUISANTES Y QUESO CHEDDAR, CON ENSALADA DE HOJAS

6 RACIONES | 1 HORA EN TOTAL

2 aguacates maduros

400 g de harina leudante, y algo
   más para espolvorear

6 huevos grandes

300 g de guisantes congelados

90 g de queso cheddar

½ manojo de albahaca (15 g)

100 g de ensalada de hojas variadas

1 limón

Partir los aguacates por la mitad, deshuesarlos y pelarlos. Pesar la pulpa; se necesitarán unos 200 g; si no hay bastante, completar los 200 g con aceite de oliva virgen extra. En un bol grande, aplastar el aguacate y luego incorporar la harina frotando poco a poco, una pizca de sal marina y 4 cucharadas de agua fría hasta obtener una masa. Amasar hasta que esté lisa, cubrirla y dejarla reposar 15 minutos. Para el relleno, cascar los huevos en una batidora, agregar los guisantes congelados y la mayor parte del queso cheddar. Añadir la parte de las hojas de las ramitas de albahaca, una pizca de sal y pimienta negra, y triturar hasta que quede una textura homogénea.

Precalentar el horno a 200 °C. Con un rodillo, estirar la masa brisa de aguacate sobre una superficie espolvoreada con harina hasta lograr un grosor de ½ cm. Enrollarla en el rodillo para levantarla y depositarla en una fuente de horno de 25 × 35 cm engrasada, adaptarla a las paredes y pinchar la base. Cortar los trozos que sobresalgan de forma burda y luego hornear 10 minutos, o hasta que la masa esté ligeramente dorada. Repartir el relleno de manera uniforme y hornear otros 15 minutos, o hasta que esté cuajado. Después, rallar el queso restante por encima con un rallador fino. Aliñar las hojas de la ensalada con aceite de oliva virgen extra y zumo de limón, sazonar y esparcir sobre la quiche en el momento de servirla.

ENERGÍA	GRASAS	GR. SAT	PROTEÍNAS	H. CARB.	AZÚCARES	SAL	FIBRA
764 kcal	52,6 g	11,3 g	21 g	55,9 g	2,4 g	1,1 g	4,9 g

TEMPURA DE AGUACATE

SALSA DE PIMIENTOS DULCES Y HARISSA ROSA

2 RACIONES | 20 MINUTOS EN TOTAL

100 g de harina de arroz

100 g de pimientos rojos asados
en conserva

2 cdas. de harissa rosa

2 cdas. de yogur natural

4 cebolletas

1 aguacate grande maduro

4 ramitas de perejil de hoja plana

1 lima

En un bol, batir la harina con una pizca de sal marina y 150 ml de agua hasta obtener una masa lisa. En una batidora, triturar los pimientos escurridos con la harissa y la mitad del yogur hasta lograr una mezcla homogénea, y luego sazonar al gusto. Limpiar las cebolletas y cortarlas por la mitad. Partir el aguacate por la mitad, deshuesarlo, sacarlo de la piel con una cuchara y cortar cada mitad en cuatro trozos.

Poner una sartén grande y gruesa a fuego alto con 2 cm de aceite de oliva. Usar un termómetro para saber cuándo está listo el aceite (170 °C) o añadir un recorte de cebolleta y esperar hasta que se dore; esto indicará que se puede freír. Uno a uno, sumergir el aguacate, las cebolletas y el perejil en la masa para rebozar, dejando que gotee el exceso, e introducir con cuidado en el aceite. Dar la vuelta con unas pinzas cuando estén dorados. Retirar y poner sobre papel de cocina para escurrirlos bien, y luego espolvorear con un poco de sal. Preparar la salsa mezclando el yogur restante con la mezcla de pimientos, para que formen vetas, y servir con unos gajos de lima para exprimir por encima.

ENERGÍA	GRASAS	GR. SAT	PROTEÍNAS	H. CARB.	AZÚCARES	SAL	FIBRA
487 kcal	30,7 g	5,5 g	6 g	45 g	4 g	1 g	1,8 g

TOSTADA CON AGUACATE Y GARBANZOS
SALSA HARISSA PICANTE, QUESO FRESCO Y PARMESANO

2 RACIONES | 25 MINUTOS EN TOTAL

1 aguacate grande maduro

15 g de queso parmesano

2 rebanadas de pan integral

2 cdtas. colmadas de harissa rosa
   y un poco más para servir

2 cdas. colmadas de queso cottage

2 cdas. colmadas de garbanzos
   en conserva escurridos

Esta receta es una locura total, pero, créeme, es absolutamente deliciosa. Calentar el grill a temperatura alta. Partir el aguacate por la mitad y deshuesarlo; extraer la pulpa y ponerla en una tabla. Rallar por encima el parmesano y aplastar todo con un tenedor hasta que quede superliso. Sazonar al gusto con sal marina y pimienta negra. Tostar ligeramente el pan.

Extender la harissa sobre cada tostada, de punta a punta, y luego añadir el queso cottage en el centro. Con un cuchillo, extender una buena capa de aguacate sobre el queso cottage y el resto de la tostada, y encima depositar los garbanzos. Colocar las tostadas en una bandeja, rociarlas con una cucharadita de aceite de oliva y poner bajo el grill entre 10 y 15 minutos, o hasta que estén ligeramente doradas. Rociar con un poco más de harissa y servir.

ENERGÍA	GRASAS	GR. SAT	PROTEÍNAS	H. CARB.	AZÚCARES	SAL	FIBRA
424 kcal	22,1 g	5,9 g	19,4 g	35,5 g	3,6 g	0,9 g	8,6 g

ENSALADA CÉSAR CON AGUACATE
MIGAS TOSTADAS, LECHUGA CRUJIENTE Y VIRUTAS DE PARMESANO

4 RACIONES | 20 MINUTOS EN TOTAL

80 g de pan de ajo

4 filetes de anchoa en aceite

2 lechugas romanas

4 cdas. de yogur natural

1 cdta. colmada de mostaza de Dijon

1 cda. de salsa Worcestershire

2 aguacates maduros

30 g de queso parmesano

Poner el pan de ajo troceado en un procesador de alimentos, agregar las anchoas y triturar hasta obtener unas migas gruesas de tamaño uniforme. Pasarlas a una sartén grande antiadherente y tostarlas a fuego medio hasta que esté bien doradas, removiendo a menudo.

Mientras, lavar las lechugas, arrancar 5 hojas exteriores, trocearlas y ponerlas en el procesador de alimentos. Añadir el yogur, la mostaza, la salsa de Worcestershire y 1 cucharada de vinagre de vino tinto. Partir los aguacates por la mitad, deshuesarlos y agregar la mitad de un aguacate al procesador. Triturar hasta conseguir una salsa homogénea y sazonar al gusto. Cortar el resto de la lechuga y disponerla en una fuente grande, y luego añadir por encima la salsa. Cortar en rodajas el resto del aguacate. Con el pelador de verduras, cortar el parmesano en las virutas. Repartir las migas calientes sobre la lechuga y terminar con las rodajas de aguacate y el parmesano.

ENERGÍA	GRASAS	GR. SAT	PROTEÍNAS	H. CARB.	AZÚCARES	SAL	FIBRA
241 kcal	16,9 g	5,9 g	8,6 g	14,5 g	5 g	1,3 g	2,4 g

DELICIOSO AGUACATE AL HORNO

RELLENO CON GAMBAS Y QUESO SOBRE UN LECHO DE TOMATE

4 RACIONES | 25 MINUTOS EN TOTAL

500 g de tomates maduros
de varios colores

2 aguacates maduros

60 g de queso cheddar

100 g de crème fraîche semigrasa

150 g de gambitas cocidas peladas

cayena

4 rebanadas de un buen pan de soda

Precalentar el horno a 200 °C. Cortar los tomates en rodajas de ½ cm y disponerlos en una sartén antiadherente de 30 cm. Rociar con 1 cucharada de aceite de oliva y sazonar con una pizca de sal marina y pimienta negra. Partir los aguacates por la mitad, deshuesarlos y separar las mitades de la piel con una cuchara. Colocarlas sobre los tomates. En un bol, rallar finamente la mayor parte del queso y mezclarlo con la crème fraîche y las gambas.

Repartir la mezcla cremosa de gambas entre las mitades de aguacate. Rallar encima el queso restante y espolvorear con una pizca de cayena. Hornear 15 minutos, o hasta que esté dorado y burbujeante. Tostar pan para mojar.

ENERGÍA	GRASAS	GR. SAT	PROTEÍNAS	H. CARB.	AZÚCARES	SAL	FIBRA
367 kcal	22,8 g	8,6 g	16,9 g	23,5 g	5,6 g	1,4 g	1,3 g

QUESADILLAS DE AGUACATE

QUESO RED LEICESTER, PIMIENTOS DULCES Y SALSA DE AGUACATE

2 RACIONES | 30 MINUTOS EN TOTAL

2 pimientos de diferentes colores

½ manojo de menta (15 g)

50 g de queso Red Leicester

2 tortillas mexicanas integrales
con semillas (grandes)

1 aguacate maduro

2 limas

4 cdas. de yogur natural

2 cdas. de tabasco de chipotle
ahumado

Tostar los pimientos enteros directamente sobre la llama del fogón o en una sartén a fuego alto, hasta que la piel esté quemada por todas partes. Mientras, arrancar las hojas de la menta y picar finamente la mitad. Poner los pimientos en un bol, taparlos y dejarlos reposar 10 minutos; luego, raspar la mayor parte de la piel, despepitarlos y cortarlos en daditos de 1 cm. Mezclar con 1 cucharada de vinagre de vino tinto y la menta picada, y sazonar al gusto. Rallar la mitad del queso sobre una tortilla mexicana, repartir encima los pimientos y agregar el resto del queso rallado; cubrir con otra tortilla y presionar. Poner una sartén grande antiadherente a fuego medio, depositar con cuidado las tortillas y tostarlas 4 minutos por cada lado, o hasta que estén doradas y el queso se haya derretido.

Mientras, partir por la mitad el aguacate, deshuesarlo y poner una mitad en una batidora junto con las hojas de menta restantes, el zumo de 1 lima, 3 cucharadas de yogur y 2 cucharadas de agua. Batir hasta obtener una mezcla homogénea y sazonar al gusto. Repartir entre los platos junto con un poco del yogur restante y el tabasco, y luego cortar y repartir la otra mitad del aguacate. Servir la quesadilla cortada en porciones para mojar en la salsa y unos gajos de lima para exprimir por encima.

ENERGÍA	GRASAS	GR. SAT	PROTEÍNAS	H. CARB.	AZÚCARES	SAL	FIBRA
440 kcal	23,1 g	9,7 g	16,2 g	39,5 g	11,5 g	1,1 g	8,9 g

PECHUGA
DE POLLO

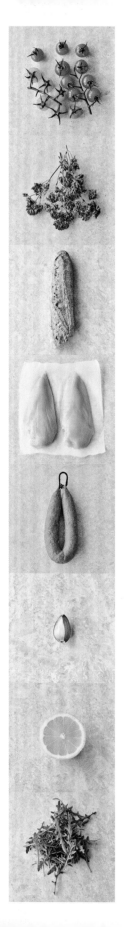

POLLO CON CHORIZO EXPRÉS

TOSTADAS DE AJO CON TOMATE Y ORÉGANO, RÚCULA Y LIMÓN

2 RACIONES | 20 MINUTOS EN TOTAL

160 g de tomates cherry maduros de varios colores

2 cdtas. de orégano seco, si es posible con flor

½ baguette de buena calidad

2 pechugas de pollo sin piel (300 g)

50 g de chorizo

1 diente de ajo

½ limón

20 g de rúcula

Partir los tomates en cuartos o en rodajas y mezclar con el orégano, 1 cucharada de vinagre de vino tinto, 1 de aceite de oliva virgen extra y una pizca de sal marina y pimienta negra. Cortar la baguette en rodajas de 2 cm de grosor y tostarlas a fuego fuerte en una sartén grande antiadherente. Mientras, hacer unos pequeños cortes en una cara de las pechugas, colocarlas entre dos hojas de papel parafinado y aplastarlas con un rodillo o con la base de una sartén hasta que tengan un grosor de 1 cm. Cortar el chorizo en rodajas finas.

Sacar las tostadas cuando estén doradas y cocinar el chorizo en la sartén 1 minuto. Luego agregar el pollo y freírlo 6 minutos, o hasta que esté dorado y bien hecho, darle la vuelta a la mitad del tiempo y ponerle el chorizo encima una vez que esté crujiente. Sazonar con pimienta negra. Pelar el diente de ajo, cortarlo por la mitad y frotar con él las tostadas. Cortar el ajo en láminas finas y añadirlo a la sartén del pollo en los últimos dos minutos, para que se dore. Poner los tomates aliñados sobre las tostadas junto con la rúcula aderezada con limón. Cortar el pollo en tiras y servirlos con las tostadas, con el chorizo crujiente y el ajo por encima.

ENERGÍA	GRASAS	GR. SAT	PROTEÍNAS	H. CARB.	AZÚCARES	SAL	FIBRA
444 kcal	16,1 g	4,4 g	46,2 g	30,4 g	5,2 g	1,6 g	3 g

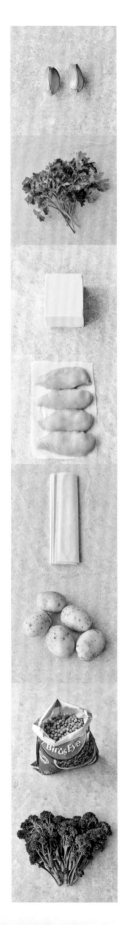

POLLO KIEV CON PASTA FILO

PURÉ DE GUISANTES Y PATATAS, BRÓCOLI ESPARRAGADO VIOLETA

4 RACIONES | 45 MINUTOS EN TOTAL

2 dientes de ajo	4 láminas de masa filo
1 manojo de perejil de hoja plana (30 g)	800 g de patatas
30 g de mantequilla sin sal ablandada	400 g de guisantes congelados
4 pechugas de pollo sin piel (600 g)	200 g de brócoli esparragado púrpura

Precalentar el horno a 200 °C. Pelar y rallar finamente el ajo, picar bien el perejil, incluidos los tallos, y mezclar con la mantequilla ablandada; sazonar con sal marina y pimienta negra. Con la punta de un cuchillo afilado, hacer un corte en la parte más gruesa de cada pechuga para crear un bolsillo. Rellenar con la mantequilla de ajo y luego sellar la abertura y devolver las pechugas su forma original. Tomar una hoja de masa filo y envolver una pechuga. Repetir lo mismo con el resto del pollo y alinearlo en una fuente de horno grande engrasada. Mezclar 1 cucharada de aceite de oliva con 1 cucharadita de vinagre de vino tinto, pincelar ligeramente la masa filo y reservar lo que sobre para más tarde. Asar las pechugas en la base del horno 25 minutos o hasta que estén doradas por fuera, jugosas y bien hechas por dentro.

Mientras, pelar las patatas, cortarlas en trozos de tamaño uniforme y cocerlas 15 minutos en una olla grande con agua salada hirviendo, o hasta que estén tiernas, y añadir los guisantes en los últimos 2 minutos. Desechar los extremos duros de los tallos de brócoli, cortar los tallos más gruesos por la mitad a lo largo, recubrir con el resto de la mezcla de aceite y vinagre, y añadir a la bandeja de pollo en los últimos 10 minutos. Escurrir las patatas y los guisantes, triturarlos con una cucharadita de aceite de oliva virgen extra y sazonar al gusto. Servir todo junto.

ENERGÍA	GRASAS	GR. SAT	PROTEÍNAS	H. CARB.	AZÚCARES	SAL	FIBRA
561 kcal	16,1 g	5,7 g	49,2 g	58 g	5,6 g	1 g	10,2 g

MI VERSIÓN DE POLLO INDIO A LA MANTEQUILLA
ESPECIAS AROMÁTICAS, TOMATES, CREMA DE ANACARDOS Y YOGUR

2 RACIONES | 40 MINUTOS EN TOTAL

2-3 chiles frescos de varios colores

350 g de tomates cherry maduros
    de varios colores

4 dientes de ajo

un trozo de jengibre de 6 cm

1 cda. de garam masala

4 cdas. colmadas de yogur natural

2 pechugas de pollo sin piel (300 g)

2 cdas. de crema fina de anacardos

Cortar los chiles por la mitad y quitarles las semillas. Ponerlos en una sartén grande antiadherente a fuego fuerte con los tomates y tostarlos por todas partes, y darles la vuelta de vez en cuando. Mientras, pelar el ajo y el jengibre, y rallarlos finamente en un bol grande. Añadir la mayor parte del garam masala, una pizca de sal marina, pimienta negra y 1 cucharada de yogur. Hacer unos cortes profundos en las pechugas a intervalos de 1 cm y untarlas con el adobo.

Una vez tostados, retirar los tomates y los chiles, y pasarlos a una tabla. Poner la sartén de nuevo a fuego medio con ½ cucharada de aceite de oliva y el pollo. Cocinar y dorar 10 minutos, dar la vuelta hacia la mitad del tiempo y mientras pelar los tomates y picar 1 o 2 chiles, al gusto. Retirar el pollo de la sartén e introducir los tomates, los chiles picados y la crema de anacardos. Verter 250 ml de agua hirviendo y remover para desprender los trocitos pegados. Dejar que borbotee 2 minutos y, cuando empiece a espesar, devolver el pollo a la sartén, remover la salsa y cocinar 2 minutos más, o hasta que esté hecho por dentro; luego, retirarlo a una tabla. Fuera del fuego, sazonar la salsa al gusto y vetearla con el yogur restante. Cortar el pollo y servirlo con el resto del chile y el garam masala.

ENERGÍA	GRASAS	GR. SAT	PROTEÍNAS	H. CARB.	AZÚCARES	SAL	FIBRA
435 kcal	20,7 g	4,8 g	45,2 g	17,5 g	11,1 g	0,8 g	3,4 g

SÁNDWICH DE POLLO JERK

ENSALADA DE COL, PIÑA FRITA Y CHILE SCOTCH BONNET

2 RACIONES | 15 MINUTOS EN TOTAL

1 chile rojo o Scotch bonnet fresco

1 pechuga de pollo sin piel (150 g)

1 cdta. colmada de mezcla
 de especias Jerk, y un poco
 más para espolvorear

1 lata de piña en almíbar (220 g)

1 zanahoria

¼ de col (150 g)

2 cdas. colmadas de yogur natural

2 bollos grandes

Partir el chile por la mitad, despepitarlo y cortarlo en tiras finas; ponerlo en un colador y lavarlo con agua fría para suavizarlo un poco. Calentar una plancha o una sartén grande antiadherente a fuego fuerte. Con cuidado, cortar transversalmente la pechuga por el medio para obtener dos filetes finos. Mezclar con las especias Jerk y 1 cucharada de aceite de oliva, y cubrirlos bien. Freír el pollo 5 minutos en la sartén caliente y darle la vuelta hacia la mitad del tiempo. Freír la piña al lado y reservar el almíbar.

Poner el almíbar y el chile en un bol, y mezclar con una pizquita de sal marina y 1 cucharada de vinagre de vino tinto. Pelar la zanahoria rascándola y cortarla en juliana junto con la col. Mezclar las verduras con el yogur y unas gotas del almíbar con chile, y luego sazonar al gusto. Desplazar el pollo y la piña a un lado de la sartén, cortar por la mitad los bollos y tostarlos rápidamente. Partir los filetes de pollo por la mitad y disponer en los bollos en capas con la ensalada y la piña, un poco del almíbar con chile (¡ojo, que pica!) y algo más de especias Jerk. Aplastarlos un poco y ¡que aproveche!

ENERGÍA	GRASAS	GR. SAT	PROTEÍNAS	H. CARB.	AZÚCARES	SAL	FIBRA
505 kcal	12,5 g	3,1 g	31 g	71,2 g	24,3 g	1,6 g	6,3 g

ALBÓNDIGAS DE POLLO CON CHILE DULCE

ARROZ FRITO CON VERDURAS Y HUEVO, SALSA DE SOJA, JENGIBRE Y CILANTRO

2 RACIONES | 20 MINUTOS EN TOTAL

un trozo de jengibre de 4 cm

½ manojo de cilantro (15 g)

1 pechuga de pollo sin piel (150 g)

2 cdas. de salsa de chile dulce

1 paquete de arroz cocido (250 g)

1 bolsa de verduras variadas para saltear (320 g)

2 huevos grandes

1 cda. de salsa de soja baja en sal

Pelar el jengibre. Arrancar la mitad de las hojas de cilantro y reservarlas, y luego picar finamente el resto, incluidos los tallos, junto con el jengibre. Mezclar con la pechuga de pollo y picar esta hasta obtener una consistencia de carne picada. Con las manos húmedas, dividir la mezcla en ocho porciones y formar bolas. Ponerlas en una sartén antiadherente de 20 cm a fuego medio-alto con ½ cucharada de aceite de oliva. Freír 4 minutos revolviendo a menudo; luego, agregar la salsa de chile dulce para glasear durante 2 minutos más. Mientras tanto, saltear el arroz y las verduras mixtas con ½ cucharada de aceite en una sartén grande antiadherente a fuego medio. Remover a menudo mientras se hacen las albóndigas.

Batir los huevos y repartirlos entre las dos sartenes, removiendo para que el huevo batido se mezcle con las verduras y el arroz, pero dejando que fluya y se cuaje alrededor de las albóndigas como una tortilla. Añadir la salsa de soja al arroz frito para condimentarlo al gusto. Servir el arroz en una fuente con la sedosa tortilla y las albóndigas de pollo por encima. Decorar con las hojas de cilantro reservadas.

ENERGÍA	GRASAS	GR. SAT	PROTEÍNAS	H. CARB.	AZÚCARES	SAL	FIBRA
504 kcal	16,2 g	3,5 g	30,5 g	62,8 g	19,2 g	1,7 g	4,6 g

POLLO DORADO Y CRUJIENTE

BEICON Y PAN RALLADO FRITO, AGUACATE Y CHILE

2 RACIONES | 15 MINUTOS EN TOTAL

2 pechugas de pollo sin piel (300 g)

1 limón

2 cdas. de harina

2 lonchas de beicon ahumado

30 g de pan de soda rallado

½ aguacate maduro

1 cda. de yogur natural

salsa de chile picante, para servir

Hacer unos pequeños cortes en una cara de las pechugas, colocarlas luego entre dos hojas de papel parafinado y golpearlas y aplanarlas con un rodillo o con la base de una sartén hasta lograr un grosor de 1 cm. Frotarlas por todas partes con sal marina, pimienta negra y la mitad del zumo de limón. Poner la harina en un plato y rebozar el pollo. Picar finamente el beicon. Calentar una sartén grande antiadherente a fuego medio-alto con 1 cucharada de aceite de oliva y agregar el pollo y el beicon para que se doren durante 3 minutos. Dar la vuelta al pollo, añadir el pan rallado, mezclar con el beicon y cocinar 3 minutos más, o hasta que el pollo esté bien hecho y el pan se haya tostado.

De manera simultánea, pelar el aguacate, poner la pulpa en un mortero y machacarla hasta conseguir una textura homogénea. Agregar el yogur y un poco de zumo de limón, y sazonar al gusto. Verter en los platos o en una fuente, colocar el pollo encima y espolvorear con la mezcla crujiente de pan rallado y beicon. Salpicar con unas gotas de salsa de chile y servir con unos gajos de limón para exprimir por encima.

ENERGÍA	GRASAS	GR. SAT	PROTEÍNAS	H. CARB.	AZÚCARES	SAL	FIBRA
414 kcal	17,4 g	3,9 g	41,2 g	23,7 g	1,6 g	1,2 g	0,6 g

SOPA DE FIDEOS CON POLLO

JENGIBRE, CURRY RENDANG, VERDURAS Y LECHE DE COCO

4 RACIONES | 20 MINUTOS EN TOTAL

2 pechugas de pollo sin piel (150 g)

3 cdas. de pasta de curry rendang

un trozo de jengibre de 10 cm

1 litro de caldo de pollo

1 lata de leche de coco ligera (400 g)

200 g de fideos chinos integrales

160 g de mazorquitas de maíz

1 bolsa de verduras variadas, para saltear (320 g)

Poner una sartén grande antiadherente y una olla grande y profunda a fuego medio. Cortar cada pechuga de pollo en tres tiras largas y frotar con la mitad de la pasta de curry, una pizca de sal marina y pimienta negra. Con una bola de papel de cocina, untar ligeramente la sartén con aceite de oliva y luego añadir el pollo. Pelar el jengibre y cortarlo en tiritas. Repartir la mitad por encima del pollo y cocinar 5 minutos, girando el pollo a menudo; debe quedar bastante dorado y bien hecho.

Paralelamente, poner el resto del jengibre y la pasta de curry en la olla profunda, verter el caldo y llevar a ebullición. Añadir la leche de coco y los fideos. Cortar las mazorquitas por la mitad a lo largo y añadirlas también; tapar y cocer 5 minutos. En el último minuto, incorporar la mezcla de verduras para que se calienten bien. Sazonar al gusto y repartir en tazones calientes. Añadir 1 cucharada de vinagre de vino tinto a la sartén del pollo para desglasar los trocitos oscuros pegados en el fondo. Cortar los trozos de pollo por la mitad y servirlos encima de la sopa de fideos.

ENERGÍA	GRASAS	GR. SAT	PROTEÍNAS	H. CARB.	AZÚCARES	SAL	FIBRA
456 kcal	10,5 g	6 g	33,6 g	55,3 g	9,2 g	1,5 g	5,1 g

1 PASTEL DE SALCHICHAS CON PURÉ
PUERROS A LA CREMA CON MOSTAZA, TOMILLO Y MANZANA

2 MI PIZZA RÁPIDA DE SALCHICHAS FAVORITA
CEBOLLA ROJA, MOZZARELLA, ROMERO, UVAS DULCES Y PIÑONES

3 CAZUELA DE SALCHICHAS
SALSA HP, ALUBIAS VARIADAS Y BOLAS DE PURÉ DE PATATA

4 PASTA CON SALCHICHAS
CHILE SECO, HINOJO, TOMATES, BRÓCOLI Y PARMESANO

5 TORTILLA SEDOSA CON SALCHICHAS
AGUACATE, TOMATES CHERRY, TORTILLAS MEXICANAS Y SALSA DE CHILE

6 CALZONE DE SALCHICHAS
RELLENO DE QUESO, MERMELADA DE CEBOLLA Y UN HUEVO

7 PICADILLO DE SALCHICHAS EN UNA SARTÉN
CALABAZA, PATATAS, SEMILLAS DE ALCARAVEA Y HUEVOS FRITOS

SALCHICHAS

PASTEL DE SALCHICHAS CON PURÉ

PUERROS A LA CREMA CON MOSTAZA, TOMILLO Y MANZANA

4 RACIONES | 1 HORA Y 30 MINUTOS EN TOTAL

1,2 kg de patatas

6 salchichas de Cumberland
   o vegetarianas

2 puerros grandes

2 manzanas de mesa

½ manojo de tomillo (10 g)

4 cdas. de harina

600 ml de leche semidesnatada

3 cdtas. de mostaza inglesa

Precalentar el horno a 200 °C. Pelar las patatas, trocearlas y cocerlas en una olla con agua salada 15 minutos, o hasta que estén tiernas. Mientras, dorar las salchichas a fuego medio en una cazuela antiadherente, girándolas a menudo (si son vegetarianas, añadir 1 cda. de aceite de oliva). Recortar los extremos de los puerros, partirlos por la mitad, lavarlos y cortarlos en rodajas de 1 cm. Pelar, descorazonar y cortar las manzanas en trozos de 1 cm. Retirar las salchichas cuando estén doradas y añadir a la cazuela los puerros, la manzana y la mayor parte del tomillo. Agregar un chorrito de agua, sal y pimienta negra; tapar y cocer 20 minutos, y remover de vez en cuando. Escurrir las patatas, triturar con la mitad de la harina y sazonar al gusto. Untar con aceite una fuente de horno de 20 × 28 cm.

Repartir el puré frío con los dedos por la base y los lados de la fuente. Incorporar la harina restante a los puerros y, poco a poco, la leche y luego la mostaza. Cocer a fuego lento 5 minutos o hasta que espese. Cortar las salchichas en trozos de 1 cm y añadir la mayor parte a la cazuela junto con el jugo, y después repartir con una cuchara sobre el puré. Prensar el resto del puré en una hoja de papel parafinado hasta que cubra la fuente. Volcarlo sobre la fuente, retirar el papel, eliminar el sobrante y sellar el borde con un tenedor. Engarzar los trozos de salchicha reservados y pincelar con 1 cucharada de aceite. Hornear en la base del horno 40 minutos, o hasta que se dore, y añadir el tomillo restante en los últimos 5 minutos.

Estos valores corresponden al plato con salchichas de Cumberland.

ENERGÍA	GRASAS	GR. SAT	PROTEÍNAS	H. CARB.	AZÚCARES	SAL	FIBRA
644 kcal	21,6 g	7,8 g	29,4 g	87,8 g	18,6 g	2,4 g	7,8 g

MI PIZZA RÁPIDA DE SALCHICHAS FAVORITA
CEBOLLA ROJA, MOZZARELLA, ROMERO, UVAS DULCES Y PIÑONES

2 RACIONES | 30 MINUTOS EN TOTAL

150 g de harina leudante, y algo más para espolvorear

2 salchichas de Cumberland o vegetarianas

1 cebolla roja pequeña

1 ramita de romero

1 cda. colmada de pasta de tomates secados al sol

100 g de uvas negras sin semillas

1 bola de mozzarella (125 g)

1 cda. de piñones

Precalentar el horno al máximo (240 °C). Poner la harina en un bol con una pizquita de sal marina, añadir 80 ml de agua y formar una masa. Luego, en una superficie enharinada, amasar 2 minutos y añadir un poco más de harina si es necesario. Con un rodillo, estirar la masa en un óvalo grande (unos 15 x 30 cm) y disponerla en una fuente de horno aceitada. Cubrir con un paño de cocina limpio y húmedo, y dejar reposar. Mientras, poner una pequeña sartén antiadherente a fuego medio-alto, apretar para sacar la carne de la tripa de las salchichas y añadir las bolas (si se usan vegetarianas, cortar en rodajas gruesas y usar 1 cda. de aceite de oliva para freír). Dorar bien la carne, removiendo a menudo, y mientras pelar y picar la cebolla roja, mejor si es con una mandolina (¡usar el protector!). Arrancar las hojas de romero y mezclar con la cebolla, una pizca de sal marina, pimienta negra y 1 cucharada de aceite.

Extender la pasta de tomate sobre la masa, repartir la cebolla roja aderezada y las bolas de salchicha. Pasar las uvas por la sartén 1 minuto y verterlas sobre la pizza junto con el jugo. Desmenuzar por encima la mozzarella y esparcir los piñones. Poner la bandeja en la placa a fuego fuerte hasta que empiece a chisporrotear y luego cocer en la base del horno 10 minutos, o hasta que esté dorada y crujiente.

Estos valores corresponden al plato con salchichas de Cumberland.

ENERGÍA	GRASAS	GR. SAT	PROTEÍNAS	H. CARB.	AZÚCARES	SAL	FIBRA
826 kcal	47,5 g	15,7 g	30,1 g	73 g	13,9 g	2,7 g	4,9 g

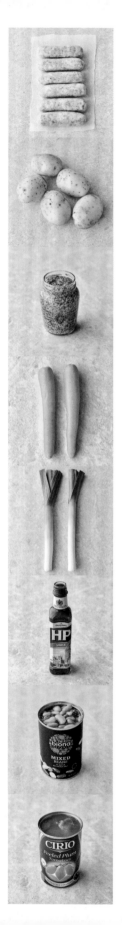

CAZUELA DE SALCHICHAS

SALSA HP, ALUBIAS VARIADAS Y BOLAS DE PURÉ DE PATATA

4 RACIONES | 1 HORA EN TOTAL

6 salchichas de Cumberland
o vegetarianas

800 g de patatas

2 cdtas. colmadas de mostaza
de grano

2 zanahorias grandes

2 puerros

3 cdas. de salsa HP

2 latas de alubias variadas (800 g)

1 lata de tomates cherry (400 g)

Poner las salchichas en una cazuela grande antiadherente a fuego medio-alto con 1 cucharada de aceite de oliva y dorar 10 minutos dándoles la vuelta a menudo; luego, retirarlas y dejar la cazuela en el fuego. Mientras, pelar las patatas, cortarlas en trozos del mismo tamaño y cocerlas en una olla grande con agua salada hirviendo 15 minutos, o hasta que estén tiernas; escurrirlas y dejar que se sequen. Chafarlas junto con la mitad de la mostaza y sazonar al gusto. Limpiar las zanahorias y los puerros, y cortarlos en trozos de 2 cm. Impregnarlos con la grasa de la cazuela y rehogar 15 minutos, o hasta que se ablanden, revolviendo a menudo; agregar un chorrito de agua si es necesario. Incorporar la salsa HP y la mostaza restante, y luego verter las alubias junto con el líquido de la lata. Añadir los tomates y romperlos con la cuchara, y luego agregar un volumen de agua equivalente a una lata. Llevar a ebullición, cocer otros 10 minutos y sazonar al gusto.

Precalentar el grill a temperatura alta. Hacer unos cortes en las salchichas a intervalos de ½ cm y ponerlas en la cazuela con los cortes hacia arriba. Cuando el puré se haya enfriado lo bastante para manipularlo, dividirlo en cuatro bolas compactas; introducir estas en la cazuela y pincelarlas con 2 cucharadas de aceite. Gratinar en la parte superior del horno 15 minutos o hasta que el guiso esté dorado y borbotee.

Estos valores corresponden al plato con salchichas de Cumberland.

ENERGÍA	GRASAS	GR. SAT	PROTEÍNAS	H. CARB.	AZÚCARES	SAL	FIBRA
673 kcal	29,7 g	7,7 g	30,8 g	68,8 g	12,2 g	1,8 g	15,3 g

PASTA CON SALCHICHAS
CHILE SECO, HINOJO, TOMATES, BRÓCOLI Y PARMESANO

4 RACIONES | 35 MINUTOS EN TOTAL

8 salchichas chipolata o vegetarianas

2 cebollas rojas

1 cda. de semillas de hinojo

1 cdta. de chile en copos

320 g de bimi

2 latas de tomates cherry (800 g)

300 g de pasta seca tipo farfalle

20 g de queso parmesano

Cocer las salchichas 5 minutos en una olla grande con agua salada hirviendo (si se usan salchichas vegetales, no hay necesidad de cocerlas). Mientras, pelar las cebollas, cortarlas en daditos de 1 cm y rehogarlas en una cazuela grande y poco profunda a fuego medio, con ½ cucharada de aceite de oliva, las semillas de hinojo, los copos de chile, una pequeña pizca de sal marina y una buena pizca de pimienta negra, y remover a menudo. Poner las salchichas en una tabla, cortarlas con cuidado en rodajas finas e incorporarlas a las cebollas. Cortar y desechar los extremos duros del bimi y trocear los tallos restantes dejando las puntas enteras. Añadir los tallos a las cebollas y cocinar 10 minutos, o hasta que se ablanden, y revolver a menudo.

Agregar los tomates y romperlos con la cuchara. Cocinar a fuego lento mientras se cuece la pasta en la olla de agua salada hirviendo según las instrucciones del paquete y añadir las puntas de bimi en el último minuto. Escurrir la pasta y el bimi, y reservar una taza del agua de la cocción. Mezclar con la salsa, que se diluirá con un poquito del agua reservada si es necesario. Sazonar al gusto y rallar finamente el queso parmesano por encima.

Estos valores corresponden al plato con salchichas chipolata.

ENERGÍA	GRASAS	GR. SAT	PROTEÍNAS	H. CARB.	AZÚCARES	SAL	FIBRA
306 kcal	17,9 g	5,8 g	21 g	17,1 g	14,2 g	1,2 g	7,1 g

TORTILLA SEDOSA CON SALCHICHAS

AGUACATE, TOMATES CHERRY, TORTILLAS MEXICANAS Y SALSA DE CHILE

2 RACIONES | 10 MINUTOS EN TOTAL

3 salchichas chipolata o vegetarianas

100 g de tomates cherry maduros
    de varios colores

½ aguacate maduro

4 huevos grandes

20 g de queso Red Leicester

2 tortillas mexicanas integrales

1 cda. de crema agria

salsa de chile picante, para servir

Presionar las salchichas para extraer la carne y disponerla en una sartén antiadherente de 30 cm a fuego medio-alto (si se usan vegetarianas, picarlas bien y usar 1 cda. de aceite de oliva para freírlas). Desmenuzar la carne con una cuchara de madera y freírla hasta que se dore, revolviendo a menudo. Mientras, partir los tomates en cuartos, pelar el aguacate y cortarlo en rodajitas. Añadir los tomates a la sartén y rehogarlos 2 minutos, removiendo con frecuencia, y luego retirar y reservar la mitad del contenido de la sartén. Batir 2 huevos y verterlos en la sartén de modo que cubran la base; rallar el queso por encima y freír solo un par de minutos, hasta que el huevo se cuaje.

Deslizar la tortilla en un plato. Calentar una tortilla mexicana en la sartén 30 segundos, retirarla, cortarla por la mitad y enrollarla. Poner un poco de crema agria sobre ella, disponer el aguacate en abanico a un lado y rociar con unas gotas de salsa de chile. Mientras el afortunado acompañante disfruta de su tortilla, cocinar y servir rápidamente la segunda.

Estos valores corresponden al plato con salchichas chipolata.

ENERGÍA	GRASAS	GR. SAT	PROTEÍNAS	H. CARB.	AZÚCARES	SAL	FIBRA
579 kcal	35,4 g	11,9 g	32,7 g	30,9 g	3,8 g	1,8 g	6,5 g

CALZONE DE SALCHICHAS

RELLENO DE QUESO, MERMELADA DE CEBOLLA Y UN HUEVO

2 RACIONES | 20 MINUTOS EN TOTAL

3 salchichas de Cumberland
   o vegetarianas

150 g de harina leudante, y algo
   más para espolvorear

35 g de queso cheddar

2 cdas. de mermelada de cebolla

1 huevo grande

20 g de berros

tomate kétchup, para servir

mostaza inglesa, para servir

Presionar las salchichas para extraer la carne y disponerla en una sartén antiadherente de 28 cm a fuego medio-alto, revolver a menudo hasta que se dore y apagar el fuego (si se usan salchichas vegetarianas, cortarlas en rodajas y añadir 1 cda. de aceite de oliva para freírlas). Mientras, poner la harina en un bol con una pizquita de sal marina, añadir 80 ml de agua y formar una masa. Sobre una superficie enharinada, amasar 2 minutos y añadir un poco más de harina si es necesario. Con un rodillo, estirar la masa en un círculo de unos 30 cm de diámetro. Rallar el queso sobre una mitad del círculo, poner encima la mermelada y esparcir las salchichas sobre esta. Volver a poner la sartén a fuego medio. Cascar el huevo sobre los otros ingredientes del relleno, doblar la masa en un semicírculo y pellizcar los bordes para sellarla.

Trasladar con delicadeza el calzone a la sartén caliente y cocinar 5 minutos, o hasta que esté dorado y crujiente. Con cuidado, pero con decisión, darle la vuelta y cocer 5 minutos más por el otro lado. Deslizarlo en una tabla, dejar reposar 2 minutos y cortar en rebanadas; servir con el berro, el kétchup y la mostaza a un lado, para mojar.

Estos valores corresponden al plato con salchichas de Cumberland.

ENERGÍA	GRASAS	GR. SAT	PROTEÍNAS	H. CARB.	AZÚCARES	SAL	FIBRA
694 kcal	34,1 g	11,8 g	29,9 g	69,5 g	10,2 g	2,9 g	3,1 g

PICADILLO DE SALCHICHAS EN UNA SARTÉN

CALABAZA, PATATAS, SEMILLAS DE ALCARAVEA Y HUEVOS FRITOS

2 RACIONES | 35 MINUTOS EN TOTAL

250 g de calabaza butternut

1 patata (250 g)

1 cebolla roja

3 salchichas de Cumberland
   o vegetarianas

2 cdtas. de semillas de alcaravea

¼ de col lombarda (250 g)

1 manzana verde de mesa

2 huevos grandes

Sacar las pepitas de la calabaza butternut, lavarla junto con la patata y cortar las dos en dados de 1 cm. Pelar la cebolla y picarla en trozos del mismo tamaño. Presionar las salchichas para extraer la carne y disponerla en una sartén grande antiadherente a fuego medio-alto (si se usan salchichas vegetales, cortar en rodajas y añadir 1 cda. de aceite de oliva para freír). Desmenuzar la carne con una cuchara de madera y freír hasta que se dore ligeramente, removiendo a menudo. Espolvorear con la mayor parte de las semillas de alcaravea y luego agregar la calabaza, la patata y la cebolla. Sazonar con sal marina y pimienta negra. Añadir 50 ml de agua, tapar y cocinar 20 minutos, o hasta que el picadillo esté dorado y cocido, revolver y desmenuzar de vez en cuando, y raspar los trocitos pegados.

Mientras, cortar en juliana la col lombarda y aliñarla con un poco de vinagre de vino tinto, y luego añadirle la manzana rallada. Repartir el picadillo en los platos calientes y dejar la sartén en el fuego. Poner 1 cucharada de aceite en la sartén, espolvorear con el resto de las semillas de alcaravea, cascar los huevos y freírlos al gusto, añadiendo por encima el aceite y las semillas con una cuchara mientras se fríen. Escurrirlos brevemente en papel de cocina y colocarlos sobre el picadillo. Servir con un poco de la ensalada de col lombarda y manzana por encima.

Estos valores corresponden al plato con salchichas de Cumberland.

ENERGÍA	GRASAS	GR. SAT	PROTEÍNAS	H. CARB.	AZÚCARES	SAL	FIBRA
650 kcal	38,1 g	9,7 g	28,9 g	53,2 g	22,3 g	1,9 g	9,7 g

FILETE
DE SALMÓN

TACOS DE SALMÓN CON LA PIEL CRUJIENTE

MEZCLA DE ESPECIAS CAJÚN, MANGO, TOMATES CHERRY Y LIMA

2 RACIONES | 20 MINUTOS EN TOTAL

160 g de tomates cherry maduros de varios colores

1 mango maduro pequeño

½ aguacate pequeño maduro

2 cebolletas

2 filetes de salmón con piel, descamados y sin espinas (260 g)

2 cdtas. colmadas de mezcla de especias cajún

4 tortillas mexicanas pequeñas

2 limas

Cortar en cuartos los tomates cherry. Deshuesar, pelar y cortar el mango en trozos grandes. Pelar el aguacate y cortarlo en rodajas finas. Limpiar y picar finamente las cebolletas. Con cuidado, desprender la piel del salmón y ponerla en una sartén antiadherente a fuego medio-alto para tostarla por los lados. Aplicar las especias cajún a los filetes de salmón y freírlos 5 minutos, dándoles la vuelta para que se doren por ambos lados. Cuando la piel esté crujiente, colocarla sobre el salmón.

Mientras, con ayuda de las pinzas, tostar las tortillas mexicanas directamente sobre la llama de la cocina de gas durante 15 segundos o usar una sartén caliente. Repartir el mango, el aguacate y las cebolletas sobre las tortillas, y luego el salmón en lascas y la piel troceada. Mezclar los tomates y el zumo de una lima en el calor residual de la sartén 30 segundos y verter con una cuchara sobre las tortillas. Servir con gajos de lima para exprimir por encima.

ENERGÍA	GRASAS	GR. SAT	PROTEÍNAS	H. CARB.	AZÚCARES	SAL	FIBRA
584 kcal	24,6 g	5,8 g	35 g	59,5 g	17 g	1,8 g	4,1 g

SALMÓN TERIYAKI EN ACORDEÓN

FIDEOS EN TÉ VERDE, JENGIBRE ENCURTIDO Y BRÓCOLI

2 RACIONES | 15 MINUTOS EN TOTAL

200 g de brócoli esparragado púrpura

2 filetes de salmón con piel,
    descamados y sin espinas (260 g)

1 bolsa de té verde

150 g de fideos de arroz

2 cebolletas

1 cda. de jengibre en escabeche

2 cdas. de salsa teriyaki

Para este plato se necesita una vaporera grande. Poner agua a hervir. Cortar y desechar los extremos duros de los tallos de brócoli. Colocar los filetes de salmón con la piel hacia abajo en una tabla y cortar la carne a intervalos de 2 cm, sin llegar a la piel. Verter 2 cm de agua hirviendo en una olla grande poco profunda a fuego fuerte. Poner encima una vaporera engrasada y situar los filetes de salmón a cada lado, con la piel hacia abajo, y empujar suavemente los trozos de salmón para separarlos como un acordeón, igual que en la foto. Añadir el brócoli en el medio, tapar y cocer al vapor 5 minutos, o hasta que esté en su punto. Mientras, en un bol resistente al calor, cubrir la bolsa de té verde y los fideos con agua hirviendo, revolver suavemente y dejar reposar. Limpiar y picar finamente las cebolletas. Cortar el jengibre encurtido en tiras finas.

Escurrir los fideos (desechar la bolsita de té). Repartir el brócoli y el salmón en los platos, y luego verter la salsa teriyaki sobre el salmón con un poco del jugo del jengibre encurtido. Esparcir por encima la cebolleta y el jengibre, y servir con los fideos.

ENERGÍA	GRASAS	GR. SAT	PROTEÍNAS	H. CARB.	AZÚCARES	SAL	FIBRA
583 kcal	15,5 g	2,7 g	36 g	74,2 g	8 g	1,4 g	3,6 g

SALMÓN RELLENO CON GAMBAS A LA CREMA

ESPINACAS CON AJO, PANCETA AHUMADA, ROMERO Y PARMESANO

4 RACIONES | 30 MINUTOS EN TOTAL

4 filetes de salmón con piel, descamados y sin espinas (520 g)

20 g de queso parmesano

80 g de crème fraîche semigrasa

80 g de gambitas cocidas peladas

4 dientes de ajo

500 g de espinacas

4 lonchas de panceta ahumada

4 ramitas de romero

Precalentar el horno a 220 °C. En el medio de cada filete de salmón, hacer un corte longitudinal de tres cuartos de la altura para crear un bolsillo. Rallar finamente el queso parmesano, batirlo con la crème fraîche y luego mezclar con las gambas.

Untar una fuente grande de horno con un poco de aceite de oliva y calentar en un fuego suave en la placa. Pelar y picar finamente el ajo, añadirlo a la fuente junto con las espinacas, sazonar, remover hasta que se ablanden y luego apagar el fuego. Disponer encima los filetes de salmón, repartir la mezcla de gambas en los bolsillos y espolvorear con pimienta negra. Cubrir cada filete con una loncha de panceta. Frotar las ramitas de romero con un poco de aceite y colocar una sobre cada filete de salmón. Asar en el horno 15 minutos y servir.

ENERGÍA	GRASAS	GR. SAT	PROTEÍNAS	H. CARB.	AZÚCARES	SAL	FIBRA
354 kcal	21,3 g	6 g	36,7 g	3,9 g	2,6 g	1 g	0,2 g

SASHIMI DE SALMÓN NUEVO ESTILO

SALSA DE SOJA Y CÍTRICOS, SÉSAMO Y PIEL DE SALMÓN CRUJIENTE

2 RACIONES | 15 MINUTOS EN TOTAL

3 cdas. de semillas de sésamo

2 filetes de salmón superfrescos
con piel, descamados y sin espinas
(260 g)

1 lima

1 clementina

2 cdtas. de salsa de soja baja en sal

1 chile rojo fresco

1 cestita de berros germinados

Tostar las semillas de sésamo 2 minutos en una sartén caliente, removerlas hasta que se doren, y luego ponerlas en un bol y reservarlas. Volver a poner la sartén a fuego medio. Cortar cada filete de salmón en cuatro trozos y luego desprender con cuidado la piel. Disponerla en la sartén para tostarla por los dos lados y retirarla cuando esté dorada. Sellar los trozos de salmón 10 segundos por cada lado y darles la vuelta con las pinzas. Retirar de la sartén y rebozar con las semillas de sésamo por todos lados; cortar en rodajas de 1 cm de grosor y disponer en los platos.

Rallar finamente un poco de cáscara de lima y de clementina para esparcir por encima al final, y luego exprimir todo el zumo en un bol y agregar la salsa de soja. Cortar el chile en rodajas finas y recortar los brotes de berro. Poner la salsa sobre el salmón con unas gotas de aceite de oliva virgen extra y terminar con los ingredientes del aderezo. Servir con la piel crujiente del salmón.

ENERGÍA	GRASAS	GR. SAT	PROTEÍNAS	H. CARB.	AZÚCARES	SAL	FIBRA
336 kcal	23,1 g	4,1 g	29,7 g	2,2 g	2,2 g	0,6 g	0,2 g

SALMÓN EN COSTRA FÁCIL

SABROSAS ESPINACAS, SALSA DE PESTO ROJO Y LIMÓN

4 RACIONES | 55 MINUTOS EN TOTAL

1 cebolla

4 dientes de ajo

500 g de espinacas congeladas

1 lámina (320 g) de hojaldre
   de mantequilla (fría)

4 filetes de salmón sin piel
   y sin espinas

2 huevos grandes

1 cda. colmada de pesto rojo

1 limón

Precalentar el horno a 220 °C. Pelar y picar la cebolla y ponerla en una sartén grande antiadherente a fuego medio con 1 cucharada de aceite de oliva. Añadir el ajo pelado y cortado en láminas finas. Rehogar 10 minutos o hasta que se ablanden, revolviendo a menudo. Añadir las espinacas, tapar y cocinar 5 minutos; luego, quitar la tapa y cocinar 5 minutos más, o hasta que todo el líquido se evapore. Sazonar al gusto. Desenrollar la lámina de hojaldre y extenderla junto con el papel en una fuente de horno. Esparcir por encima las espinacas dejando un margen de 5 cm alrededor. Disponer los filetes de salmón encima con una separación de 1 cm. Con ayuda del papel, doblar los bordes de la masa de hojaldre para envolver bien el salmón, dejando descubierta la parte superior. Batir los huevos y usar un poco para pincelar la superficie de la masa; hornear en la base del horno 15 minutos.

Mientras, mezclar el pesto con el huevo restante. Cuando pasen los 15 minutos, sacar la fuente del horno y verter la mezcla de huevos sobre el salmón y entre los huecos. Volver a colocar en la base del horno 15 minutos más o hasta que el hojaldre esté dorado y el huevo bien cocido. Servir con gajos de limón para exprimir por encima.

ENERGÍA	GRASAS	GR. SAT	PROTEÍNAS	H. CARB.	AZÚCARES	SAL	FIBRA
712 kcal	46,4 g	18 g	37 g	36 g	6,9 g	1,3 g	2,7 g

BOCADILLO DE SALMÓN PO' BOY
SALSA DE JALAPEÑO, YOGUR, LECHUGA Y TOMATE

2 RACIONES | 20 MINUTOS EN TOTAL

1 frasco de chiles jalapeños verdes cortados en rodajas (215 g)

1 manojo de cilantro (30 g)

2 cdtas. colmadas de mezcla de especias cajún

4 cdas. colmadas de yogur griego

2 filetes de salmón con piel, descamados y sin espinas (260 g)

1 cogollo de lechuga

1 tomate maduro grande

2 panecillos largos

Verter los jalapeños junto con el jugo en una batidora, añadir la parte de las hojas de las ramitas del cilantro y triturar hasta obtener una textura homogénea. Verter de nuevo en el tarro y reservar. En un bol, mezclar las especias con la mitad del yogur. Cortar los filetes de salmón longitudinalmente por la mitad, introducirlos en la mezcla de yogur y especias, y recubrirlos bien. Poner una sartén grande antiadherente a fuego medio-alto. Una vez caliente, freír el salmón en ½ cucharada de aceite de oliva 4 minutos dándole la vuelta hasta que esté bien dorado y crujiente por todas partes. Mientras, cortar la lechuga en tiras muy delgadas. Cortar el tomate en rodajas finas y salpimentarlo.

Partir por la mitad y tostar ligeramente los panecillos. Esparcir en las bases la mitad del yogur restante y poner encima el tomate y luego la lechuga. Agregar el salmón troceado y después el resto del yogur y un poco de salsa de jalapeño (guardar el resto del tarro en la nevera, para futuras comidas). Cubrir con las tapas de los panecillos y ¡que aproveche!

ENERGÍA	GRASAS	GR. SAT	PROTEÍNAS	H. CARB.	AZÚCARES	SAL	FIBRA
540 kcal	23,6 g	5,9 g	36,4 g	44,9 g	9,8 g	1,5 g	4 g

SALMÓN CRUJIENTE AGRIDULCE

ARROZ INFLADO FRITO, MENTA, CEBOLLETAS Y COGOLLO

2 RACIONES | 15 MINUTOS EN TOTAL

2 filetes de salmón con piel, descamados y sin espinas (260 g)

4 cebolletas

2 dientes de ajo

½ manojo de menta (15 g)

1 cogollo de lechuga

2 cdas. de mermelada de chile

½ limón

50 g de arroz integral inflado

Poner el salmón con la piel hacia abajo en una sartén antiadherente grande a fuego medio-alto con ½ cucharada de aceite de oliva. Dejar unos 4 minutos, hasta que la piel esté supercrujiente. Dar la vuelta al salmón y cocinarlo 1 minuto por cada una de las otras caras. Con unas pinzas, desprender la piel crujiente y ponerla al lado en la sartén; dar la vuelta al salmón para que la cara recién descubierta se dore también. Mientras, limpiar y picar las cebolletas. Pelar el ajo y cortarlo en láminas finas. Separar las hojas de la menta y las hojas del cogollo.

Retirar el salmón y disponerlo en platos calientes, untarlo con la mitad de la mermelada de chile y añadir un poco de zumo de limón. Poner la piel crujiente sobre el salmón de modo que sobresalga y dejar la sartén en el fuego. Freír el ajo y las hojas de menta 1 minuto; agregar las cebolletas, el arroz inflado y la mermelada de chile restante. Saltear todo 2 minutos más, sazonar al gusto y servir con el salmón y las hojas del cogollo para usarlas como cuchara.

ENERGÍA	GRASAS	GR. SAT	PROTEÍNAS	H. CARB.	AZÚCARES	SAL	FIBRA
422 kcal	18,3 g	3,1 g	29,9 g	34,4 g	13,9 g	0,5 g	1,7 g

1 HAMBURGUESA CON BONIATO
TERNERA, BONIATO FRITO, QUESO FRESCO Y ENSALADA DE COL

2 CHOP SUEY DE POLLO CON BONIATO
LIMA, SALSA DE CHILE DULCE Y DE OSTRAS, MAÍZ, CEBOLLETAS Y ARROZ

3 BONIATOS ESTOFADOS
ALUBIAS, LAUREL, CHILE, PAN DE PITA Y QUESO FETA

4 BONIATOS RECIÉN ASADOS
ENSALADA PICADA, SALSA DE PIMIENTO CON CREMA AGRIA Y QUESO FETA

5 QUESADILLA ABIERTA DE BONIATO
FRIJOLES NEGROS, ESPECIAS JERK, JALAPEÑOS Y QUESO FUNDIDO

6 POKÉ DE BONIATO Y SALMÓN
JUGOSA PIÑA, PEPINO, TOMATES, CHILE FRESCO, MENTA Y LIMÓN

7 SOPA DE BONIATOS
CHORIZO, CEBOLLETAS, JUDÍAS VERDES, NATA Y CRACKERS

BONIATO

HAMBURGUESA CON BONIATO

TERNERA, SALSA BARBACOA, BONIATO FRITO, QUESO FRESCO Y ENSALADA DE COL

2 RACIONES | 15 MINUTOS EN TOTAL

1 boniato (250 g)

50 g de col blanca

1 cdta. colmada de mostaza de grano

250 g de carne de ternera picada

2 cdas. de salsa barbacoa

2 bollos grandes

1 cogollo pequeño

2 cdas. de queso cottage

Limpiar el boniato frotándolo. Cortar tres cuartos en rodajas de ½ cm y ponerlas en una sartén antiadherente grande a fuego medio-alto con 1 cucharada de aceite de oliva, para que se ablanden y se tuesten, y darles la vuelta tras unos minutos. Mientras, rallar el boniato restante y cortar la col en juliana. Aliñar con la mostaza y 1 cucharada de vinagre de vino tinto, y salpimentar al gusto.

Comprimir la carne picada, dividir en dos y formar las hamburguesas; sazonar con sal marina y pimienta negra. Freír al lado de las rodajas de boniato 3 minutos por cada lado o hasta que estén bien hechas, y pincelarlas en el último minuto con la salsa barbacoa. Partir los bollos por la mitad y tostarlos ligeramente, poner encima un poco de la ensalada y unas hojas de cogollo. Añadir sobre estas el boniato y luego las hamburguesas y el queso. Aplastar con la otra mitad del bollo y ¡que aproveche!

ENERGÍA	GRASAS	GR. SAT	PROTEÍNAS	H. CARB.	AZÚCARES	SAL	FIBRA
615 kcal	16,2 g	4,6 g	40 g	81,2 g	14,3 g	2,9 g	8,3 g

CHOP SUEY DE POLLO CON BONIATO

LIMA, SALSA DE CHILE DULCE Y DE OSTRAS, MAÍZ, CEBOLLETAS Y ARROZ

2 RACIONES | 25 MINUTOS EN TOTAL

1 boniato (250 g)

2 muslos de pollo deshuesados
y sin piel

½ taza de arroz basmati (150 g)

2 limas

2 cdas. salsa de ostras

1 cda. de salsa de chile dulce

160 g de mazorquitas de maíz

1 manojo de cebolletas

Limpiar el boniato frotándolo y cortarlo en bastones de unos 4 cm de largo y 1 cm de ancho. Poner en una sartén antiadherente grande y seca a fuego medio-alto para que se ablanden y se tuesten 10 minutos, y revolver a menudo. Cortar el pollo en tiras de tamaño similar, añadirlo a la sartén y cocinar 5 minutos. En una olla pequeña, poner ½ taza de arroz, 1 taza de agua hirviendo (300 ml) y una pizca de sal marina. Tapar y cocer a fuego medio 12 minutos, o hasta que se haya absorbido toda el agua.

Mientras, rallar finamente la corteza de 1 lima en un bol, añadir el zumo y luego la salsa de ostras y la de chile dulce junto con 100 ml de agua. Cortar las mazorquitas por la mitad a lo largo y luego mezclar con la salsa. Limpiar las cebolletas, cortarlas en trozos de 3 cm, añadirlas a la sartén con los boniatos y cocinar 3 minutos más. Incorporar el maíz y la salsa, dejar que chisporrotee y cocinar solo 2 minutos. Sazonar al gusto y servir con el arroz y unos gajos de lima para exprimir por encima.

ENERGÍA	GRASAS	GR. SAT	PROTEÍNAS	H. CARB.	AZÚCARES	SAL	FIBRA
645 kcal	9,3 g	2,1 g	31,7 g	112,4 g	16,9 g	1,8 g	5,9 g

BONIATOS ESTOFADOS

ALUBIAS, LAUREL, CHILE, PAN DE PITA Y QUESO FETA

2 RACIONES | 30 MINUTOS EN TOTAL

4 hojas de laurel frescas

1 chile Scotch bonnet fresco

4 dientes de ajo

2 boniatos (500 g)

1 lata de alubias variadas (400 g)

1 lata de tomates cherry (400 g)

30 g de queso feta

2 panes de pita

Poner una sartén antiadherente de 30 cm a fuego medio-bajo con 1 cda. de aceite de oliva y el laurel. Pinchar los chiles y agregarlos. Pelar y añadir los dientes de ajo enteros. Limpiar los boniatos frotándolos, cortar en rodajas de 2 cm de grosor, agregar a la sartén para que se frían 10 minutos y darles la vuelta hacia la mitad del tiempo. Verter las alubias (incluido el líquido) y los tomates. Romper los tomates con una cuchara de madera, tapar la sartén y cocinar todo a fuego lento 10 minutos, o hasta que los boniatos estén bien hechos.

Quitar la tapa, subir el fuego y dejar que borbotee unos minutos más, o hasta que la salsa esté bien espesa. Tostar el pan de pita. Sazonar el estofado al gusto y luego desmenuzar por encima el queso feta. Servir con el pan de pita tostado para mojar.

ENERGÍA	GRASAS	GR. SAT	PROTEÍNAS	H. CARB.	AZÚCARES	SAL	FIBRA
652 kcal	11,9 g	3,3 g	23,9 g	111,6 g	21,5 g	1,4 g	18,5 g

BONIATOS RECIÉN ASADOS

ENSALADA PICADA, SALSA DE PIMIENTO CON CREMA AGRIA, Y QUESO FETA

4 RACIONES | 50 MINUTOS EN TOTAL

3 boniatos (750 g)

2 cdas. de mezcla de especias cajún, y un poco más para espolvorear

1 bote de pimientos rojos asados (460 g)

50 ml de crema agria

1 pepino

250 g de tomates cherry maduros de varios colores

1 lechuga iceberg

60 g de queso feta

Precalentar el horno a 190 °C. Limpiar los boniatos frotándolos, cortarlos en rodajas de 1 cm de grosor y luego partir en dos cada rodaja; para esto me gusta usar un cuchillo de filo ondulado. Recubrir con la mezcla de especias, 1 cucharada de aceite de oliva y una pizquita de sal marina. Disponer en una sola capa en una fuente de horno grande y asar 40 minutos, o hasta que los boniatos estén dorados y hechos por dentro, y sacudir la fuente hacia la mitad del tiempo.

Unos 10 minutos antes de que los boniatos estén listos, escurrir los pimientos y triturar la mitad con la crema agria hasta obtener una textura homogénea. En una tabla grande, picar el resto de los pimientos, el pepino, los tomates y la lechuga. Mezclar todo junto con la salsa y sazonar al gusto. Agregar por encima el queso feta desmenuzado y servir con las rodajas de boniato recién asado y una pizca más de especias.

ENERGÍA	GRASAS	GR. SAT	PROTEÍNAS	H. CARB.	AZÚCARES	SAL	FIBRA
331 kcal	16 g	5 g	8,4 g	38,9 g	17,9 g	1,2 g	8,3 g

QUESADILLA ABIERTA DE BONIATO

FRIJOLES NEGROS, ESPECIAS JERK, JALAPEÑOS Y QUESO FUNDIDO

2 RACIONES | 20 MINUTOS EN TOTAL

2 boniatos (500 g)

2 tortillas mexicanas integrales
   grandes con semillas

1 lata de frijoles negros (400 g)

1½ cdtas. de mezcla de especias Jerk

14 rodajas de jalapeños verdes
   en conserva

40 g de queso cheddar

4 ramitas de menta

1 lima

Precalentar el grill a temperatura alta. Limpiar los boniatos frotándolos, pincharlos con un tenedor y cocinar en el microondas a la máxima potencia (800 W) 6 minutos, o hasta que estén blandos. Aunque es más fácil cocinarlos de uno en uno, se pueden hacer a la vez.

Introducir y ajustar una tortilla en una sartén antiadherente de 20 cm apta para el horno y dejar la otra en un plato. Con un tenedor, trocear y aplastar un boniato en cada tortilla. Escurrir los frijoles y poner una cucharada en cada una, espolvorear con las especias y repartir por encima las rodajas de jalapeño y el queso desmenuzado. Colocar la sartén bajo el grill 5 minutos o hasta que se dore la quesadilla y el queso se derrita. Aderezar con unas hojas de menta y un buen chorrito de zumo de lima, sazonar al gusto y empezar a comer mientras se pone la segunda en la sartén y se gratina bajo el grill.

ENERGÍA	GRASAS	GR. SAT	PROTEÍNAS	H. CARB.	AZÚCARES	SAL	FIBRA
581 kcal	11,2 g	5,8 g	23,2 g	88,9 g	13,1 g	1,7 g	25 g

POKÉ DE BONIATO Y SALMÓN
PIÑA JUGOSA, PEPINO, TOMATES, CHILE FRESCO, MENTA Y LIMÓN

2 RACIONES | 40 MINUTOS EN TOTAL

2 boniatos pequeños (300 g)

2 limones

2 filetes de salmón superfrescos
  sin piel ni espinas (260 g)

½ pepino

160 g de tomates cherry maduros
  de varios colores

¼ de piña madura

½ manojo de menta (15 g)

1-2 chiles frescos de varios colores

Limpiar los boniatos frotándolos y luego cocerlos enteros en una olla con agua hirviendo 35 minutos, o hasta que estén bien tiernos.

Unos 10 minutos antes de que los boniatos estén cocidos, exprimir los limones en dos boles. Añadir a cada uno 1 cucharada de aceite de oliva virgen extra y sazonar con sal marina y pimienta negra. Cortar el salmón en trozos de 1 cm, repartir entre los dos boles y recubrir con el aderezo para marinarlo brevemente. Picar el pepino, los tomates y la piña pelada en trozos de 1 cm, y agregar a los boles. Picar y agregar las hojas de menta. Cortar el chile en rodajas finas y añadirlo (al gusto), y luego mezclar para impregnar todo con el aderezo. Retirar con cuidado la piel de los boniatos y agregar encima. A mí me encanta tomar con la cuchara un poquito de boniato caliente junto con la ensalada fría. Comer enseguida.

ENERGÍA	GRASAS	GR. SAT	PROTEÍNAS	H. CARB.	AZÚCARES	SAL	FIBRA
483 kcal	21,5 g	3,5 g	30,7 g	42,7 g	18,3 g	0,9 g	6,7 g

SOPA DE BONIATOS

CHORIZO, CEBOLLETAS, JUDÍAS VERDES, NATA Y CRACKERS

4 RACIONES | 40 MINUTOS EN TOTAL

80 g de chorizo

1 manojo de cebolletas

2 boniatos (500 g)

1 bolsa de cebolla, zanahoria y apio
    en daditos (400 g)

220 g de judías verdes

70 ml de nata fluida

80 g de galletas cracker

Cortar el chorizo en rodajas finas y ponerlo en una cazuela grande antiadherente a fuego medio para dorarlo. Mientras, limpiar y picar finamente las cebolletas, y guardar las rodajas verdes para decorar. Pelar y cortar los boniatos en dados del doble del tamaño de los de las verduras de la bolsa. Cuando el chorizo esté ligeramente dorado, agregar todas las verduras picadas. Sofreír 10 minutos a fuego suave o hasta que se ablanden, removiendo de vez en cuando. Verter 1 litro de agua hirviendo y cocer a fuego suave 10 minutos. Cortar las judías verdes en trozos de 2 cm, agregarlas a la cazuela y cocer a fuego suave 10 minutos más.

Añadir la nata, sazonar al gusto y repartir en cuatro platos hondos. Aderezar con los trozos verdes de las cebolletas y terminar con unas gotas de aceite de oliva virgen extra. Aplastar las galletas e incorporarlas a la sopa a medida que se come.

ENERGÍA	GRASAS	GR. SAT	PROTEÍNAS	H. CARB.	AZÚCARES	SAL	FIBRA
342 kcal	13,6 g	6 g	11,2 g	45,6 g	11,4 g	1,2 g	7,7 g

1 LAKSA DE BERENJENA ASADA

CURRY MASSAMAN, JENGIBRE, FIDEOS, LECHE DE COCO Y ANACARDOS

2 PASTA CON BERENJENA Y RICOTA

PESTO AL CHILE, ALCAPARRAS, ORÉGANO, ALMENDRAS Y PECORINO

3 BERENJENAS AL CURRY ROJO TAILANDÉS

SOLOMILLO, CACAHUETES, ARROZ ESPONJOSO, COCO Y LIMA

4 ENSALADA ADICTIVA DE BERENJENAS

QUESO FETA, MENTA, ACEITUNAS, ALMENDRAS, LIMÓN Y MIEL

5 BERENJENA A LA MILANESA

SALSA DE TOMATE RÁPIDA, SALSA DE AJO Y ALBAHACA CON ESPAGUETIS

6 PASTEL DE BERENJENA CON HARISSA

PIMIENTOS DULCES, CUSCÚS, ACEITUNAS, RÚCULA Y LIMÓN

7 SUSHI DE BERENJENA EN PLATO

GLASEADO DE CHILE Y PONZU, NORI, GUISANTES CON WASABI Y RABANITOS

BERENJENA

LAKSA DE BERENJENA ASADA
CURRY MASSAMAN, JENGIBRE, FIDEOS, LECHE DE COCO Y ANACARDOS

6 RACIONES | 50 MINUTOS EN TOTAL

6 berenjenas grandes (400 g
    cada una)

6 cdtas. colmada de pasta de curry
    massaman

60 g anacardos tostados con miel

6 cebolletas

un trozo de jengibre de 6 cm

1 lata de leche de coco ligera (400 g)

1 litro de caldo de pollo o verduras

450 g de fideos asiáticos de huevo

Precalentar el horno a 180 °C. Cortar 3 berenjenas en rodajas de 2 cm. En un bol pequeño, mezclar 1 cucharada de aceite de oliva y una de vinagre de vino tinto, 1 cucharadita colmada de massaman y una pizquita de sal marina y pimienta negra. Untar con la mezcla los dos lados de las rodajas. Disponer una capa de berenjenas a fuego fuerte en una bandeja de horno y asar 40 minutos. Mientras, tostar las otras 3 berenjenas en una sartén antiadherente, girándolas para que se tuesten y se hagan por igual, y luego retirarlas. Machacar los anacardos en el mortero y reservar. Limpiar y picar la parte blanca de las cebolletas (reservando la verde) y poner en el mortero con el resto de la pasta de curry. Pelar, picar y agregar el jengibre, y machacar todo hasta obtener una pasta. Cortar la parte verde de las cebolletas a lo largo en tiras finas y poner en un bol con agua fría para que se enrollen.

Partir por la mitad las berenjenas tostadas y vaciar el interior con una cuchara en la sartén caliente con 1 cucharada de aceite; desechar la piel. Cocinar con la pasta anterior 2 minutos; verter la leche de coco, el caldo y 1 cucharada de vinagre de vino tinto, y llevar a ebullición. Cocer los fideos según las instrucciones del paquete, escurrirlos y repartirlos en cuencos calientes. Sazonar la sopa al gusto, servir sobre los fideos y poner encima las rodajas de berenjena asadas. Aderezar con las cebolletas rizadas escurridas y mezcladas con un poco de vinagre y los anacardos.

ENERGÍA	GRASAS	GR. SAT	PROTEÍNAS	H. CARB.	AZÚCARES	SAL	FIBRA
540 kcal	18,3 g	5,3 g	17,4 g	83,7 g	14,9 g	1,7 g	14,5 g

PASTA CON BERENJENA Y RICOTA

PESTO AL CHILE, ALCAPARRAS, ORÉGANO, ALMENDRAS Y PECORINO

2 RACIONES | 20 MINUTOS EN TOTAL

1 berenjena grande (400 g)

2 cdtas. colmadas de alcaparras

1 cdta. de orégano seco, idealmente
    con flor, y un poco más para servir

15 g de almendras ahumadas

150 g de pasta seca en forma
    de conchas

2 cdtas. colmadas de pesto con chile
    y ajo

50 g de ricota

15 g de queso pecorino o parmesano

Cortar la berenjena en dados de 1 cm y ponerla en una sartén antiadherente grande a fuego medio-alto con 1 cucharada de aceite de oliva, las alcaparras, el orégano y 2 cucharadas de agua. Tapar y cocinar al vapor 5 minutos.

Mientras, machacar las almendras en un mortero. Cocer la pasta en una olla con agua hirviendo según las instrucciones del paquete y luego escurrirla, y reservar una taza del agua de la cocción. Destapar la sartén y dejar que la berenjena se fría durante 10 minutos, o hasta que esté ligeramente dorada, y remover a menudo. Agregar el pesto y la mayor parte de la ricota, seguidos de la pasta. Incorporar el pecorino finamente rallado y revolver sobre el fuego, y añadir un poquito del agua reservada de la cocción. Sazonar al gusto y servir en los platos. Esparcir por encima las almendras machacadas y otra pizca de orégano, y terminar con el resto de la ricota.

ENERGÍA	GRASAS	GR. SAT	PROTEÍNAS	H. CARB.	AZÚCARES	SAL	FIBRA
510 kcal	20,1 g	5,1 g	17,5 g	70 g	7,7 g	1,1 g	8,6 g

BERENJENAS AL CURRY ROJO TAILANDÉS
SOLOMILLO, CACAHUETES, ARROZ ESPONJOSO, COCO Y LIMA

4 RACIONES | 30 MINUTOS EN TOTAL

1 taza de arroz basmati (300 g)

2 berenjenas grandes (800 g)

2 filetes de solomillo (500 g)

1 manojo de cebolletas

50 g de cacahuetes tostados

2 cdas. de pasta de curry rojo tailandés

1 lata de leche de coco ligera (400 g)

1 lima

Poner 1 taza de arroz, 2 tazas de agua hirviendo (600 ml) y una pizca de sal marina en una olla profunda antiadherente a fuego medio; tapar y cocer 12 minutos. Cortar cada berenjena en cuatro rodajas gruesas y ponerlas sobre el arroz en los últimos 8 minutos, y mantener la olla tapada. Mientras, recortar los tendones del solomillo y sazonar la carne con una pizca de sal marina y una de pimienta negra. Con ayuda de unas pinzas, apoyar cada filete de pie con la parte de la grasa hacia abajo en una sartén grande antiadherente a fuego medio-alto; ponerlo plano cuando la grasa esté dorada y crujiente. Después de sellarlo por cada lado, freírlo al gusto; a mí me gusta al punto. Limpiar las cebolletas, cortarlas en rodajas de 2 cm y agregar a la sartén para que se tuesten ligeramente. Machacar los cacahuetes en un mortero.

Pasar la carne y las cebolletas a un plato para que reposen. Con unas pinzas, trasladar las rodajas de berenjena a la sartén; dejar el arroz tapado con el fuego apagado. Darles la vuelta y dorarlas 5 minutos; luego, agregar la pasta de curry, seguida de la leche de coco y ½ lata de agua. Cocer 8 minutos o hasta que la salsa esté ligeramente espesa. Esponjar el arroz y repartir en los platos calientes. Luego, añadir la carne cortada en tiras junto con las cebolletas y la berenjena. Mezclar con la salsa el jugo que haya soltado la carne al reposar y verter con una cuchara. Aderezar con los cacahuetes y servir con rodajas de lima para exprimir por encima.

ENERGÍA	GRASAS	GR. SAT	PROTEÍNAS	H. CARB.	AZÚCARES	SAL	FIBRA
626 kcal	19 g	8,9 g	39,2 g	80,2 g	8,9 g	1,4 g	9,5 g

ENSALADA ADICTIVA DE BERENJENAS

QUESO FETA, MENTA, ACEITUNAS, ALMENDRAS, LIMÓN Y MIEL

2 RACIONES | 55 MINUTOS EN TOTAL

2 berenjenas (500 g)	1 cda. de miel fluida
1 manojo de menta (30 g)	8 aceitunas (verdes y negras)
20 g de almendras sin piel	40 g de queso feta
1 limón	100 g de ensalada de hojas variadas

Precalentar el horno a 180 °C. Poner las berenjenas enteras sobre la rejilla del horno y asar 50 minutos, o hasta que estén blandas, tiernas y jugosas.

Separar las hojas pequeñas de la menta y reservar. Majar el resto de las hojas en un mortero; añadir las almendras y machacar y mezclar todo. Agregar la corteza de limón finamente rallada, el zumo, la miel y 2 cucharadas de aceite de oliva virgen extra. Deshuesar las aceitunas y aplastarlas; añadirlas y romperlas en el mortero, e incorporar el queso feta desmenuzado. Mezclar todo y condimentar al gusto con pimienta negra. Repartir las hojas de la ensalada y las hojas pequeñas de menta en los platos. Partir las berenjenas por la mitad y colocar encima, y cubrir con la increíble salsa al estilo del pesto. A mí me gusta atacar todo a la vez, cortando y mezclando a medida que como. Está deliciosa tanto fría como caliente.

ENERGÍA	GRASAS	GR. SAT	PROTEÍNAS	H. CARB.	AZÚCARES	SAL	FIBRA
340 kcal	24,1 g	5,3 g	9 g	25,1 g	15,7 g	0,8 g	9,3 g

BERENJENA A LA MILANESA

SALSA DE TOMATE RÁPIDA, SALSA DE AJO Y ALBAHACA CON ESPAGUETIS

2 RACIONES | **30 MINUTOS EN TOTAL**

1 berenjena (250 g)	150 g de espaguetis secos
2 huevos grandes	2 dientes de ajo
100 g de focaccia de romero	1 lata de tomates cherry (400 g)
20 g de queso parmesano	½ manojo de albahaca (15 g)

Precalentar el horno a 180 °C. Recortar los extremos de la berenjena y cortarla a lo largo en cuatro rebanadas de 1 cm (guardar los recortes para otro día). Sazonarlas con sal marina y ablandarlas un par de minutos golpeándolas suavemente con una maza para la carne o un rodillo. Batir los huevos en un plato hondo. En un procesador de alimentos, triturar la focaccia en migas finas y poner en un plato. Sumergir las rodajas de berenjena en el huevo, dejar que gotee el exceso y luego rebozar en las migas. Freír en una sartén antiadherente a fuego medio-alto con 1 cucharada de aceite de oliva 6 minutos o hasta que estén doradas, y darles la vuelta hacia la mitad del tiempo. Transferir a una fuente de horno engrasada, rallar por encima la mayor parte del parmesano y meter en el horno.

Cocer los espaguetis en una olla con agua salada hirviendo según las instrucciones del paquete. Limpiar la sartén y ponerla de nuevo a fuego medio-alto con ½ cucharada de aceite. Pelar el ajo, cortarlo en rodajas finas y agregarlo. Freírlo hasta que se dore ligeramente; verter los tomates, diluir con un poco de agua los restos de la lata de tomate y agregar todo. Reservar las hojas pequeñas de la albahaca, picar el resto y añadir a la salsa. Sazonar al gusto y hervir a fuego suave. Cuando los espaguetis estén cocidos, pasarlos con unas pinzas directamente a la salsa con el agua que arrastren de la cocción. Mezclar y repartir en los platos. Colocar encima la berenjena, agregar el resto del parmesano rallado y terminar con las hojitas de albahaca.

ENERGÍA	GRASAS	GR. SAT	PROTEÍNAS	H. CARB.	AZÚCARES	SAL	FIBRA
688 kcal	24,8 g	5,7 g	28,6 g	92,5 g	12 g	1,6 g	9,3 g

PASTEL DE BERENJENA CON HARISSA

PIMIENTOS DULCES, CUSCÚS, ACEITUNAS, RÚCULA Y LIMÓN

4 RACIONES | 30 MINUTOS EN TOTAL, MÁS EL TIEMPO DE ENFRIAR

150 g de cuscús

2 berenjenas (500 g)

½ tarro de pimientos rojos asados (230 g)

2 cdtas. colmadas de harissa rosa

1 limón

60 g de rúcula

8 aceitunas verdes

4 cdas. de yogur natural

Poner el cuscús en un bol, agregar una pizca de sal marina y pimienta negra, cubrir con agua hirviendo y tapar. Cortar las berenjenas en rodajas de 1 cm y, por tandas, dorarlas por ambos lados en una parrilla a fuego alto y pasarlas a un bol cuando estén blandas. Cortar los pimientos a lo largo y agregar al bol junto con la mitad del jugo del frasco, la mitad de la harissa y 2 cucharadas de aceite de oliva virgen extra. Añadir la ralladura y el zumo del limón, mezclar y sazonar al gusto.

Arrugar una hoja grande humedecida de papel parafinado y forrar con ella un bol de mezclar de 20 cm. Añadir las rodajas de berenjena y las tiras de pimiento alternándolas, y reservar el jugo en el otro bol. Esponjar el cuscús, picar y añadir la mayor parte de la rúcula (guardar el resto en la nevera para más tarde), mezclar con la mitad del jugo y verter todo en el bol con las verduras, y meter hacia dentro cualquier trozo de pimiento o berenjena que sobresalga. Plegar hacia dentro el papel parafinado, poner un un plato encima con algo pesado para comprimirlo y dejar en la nevera al menos 2 horas. Mezclar el resto de la harissa y el jugo para más tarde. Deshuesar las aceitunas aplastándolas.

Cuando el pastel de berenjena esté firme, volcarlo en un bonito plato de servir o en una tabla, y retirar el papel. Agregar el yogur, rociar con el aderezo de harissa, esparcir por encima las aceitunas y la rúcula restante, y servir.

ENERGÍA	GRASAS	GR. SAT	PROTEÍNAS	H. CARB.	AZÚCARES	SAL	FIBRA
270 kcal	9,9 g	1,8 g	7,7 g	40,3 g	7 g	0,8 g	6,6 g

SUSHI DE BERENJENA EN PLATO

GLASEADO DE CHILE Y PONZU, NORI, GUISANTES CON WASABI Y RABANITOS

2 RACIONES | 30 MINUTOS EN TOTAL

150 g de arroz para sushi

20 g de guisantes con wasabi

2 cdas. de semillas de sésamo

2 berenjenas (500 g)

50 g de rabanitos

2 cdas. colmadas de mermelada de chile

2 cdas. de salsa ponzu o de soja baja en sal

2-4 hojas de alga nori

Cocer el arroz según las instrucciones del paquete. Tostar los guisantes con wasabi y las semillas de sésamo en una sartén grande antiadherente a fuego medio mientras se calienta una cazuela, y después pasarlos a un mortero. Cortar las berenjenas por la mitad a lo largo y hacer varios cortes cruzados en las dos mitades. Ponerlas en la cazuela caliente con la piel hacia abajo, verter 2 cm de agua, tapar y cocer a fuego fuerte 15 minutos.

Mientras, cortar en rodajas finas los rabanitos y, en un bol, mezclarlos con una pizquita de sal marina y 1 cucharada de vinagre de vino tinto para encurtirlos rápidamente. Destapar las berenjenas y dejar que se evapore el exceso de agua; luego, agregar 1 cucharada de aceite de oliva para que se frían y se doren unos minutos. Añadir la mermelada de chile y la salsa ponzu, y sacudir suavemente la sartén para que las berenjenas se glaseen; después, apagar el fuego. Repartir el arroz en los platos y poner encima las berenjenas y el glaseado de la sartén. Machacar los guisantes de wasabi y las semillas de sésamo, y esparcirlos por encima junto con los rábanos escurridos. Servir con las hojas de nori arrugadas a un lado.

ENERGÍA	GRASAS	GR. SAT	PROTEÍNAS	H. CARB.	AZÚCARES	SAL	FIBRA
507 kcal	16,2 g	3 g	13,2 g	74,8 g	13,6 g	1,8 g	2,9 g

HUEVOS

HUEVOS REVUELTOS ESPECIALES

BOLLOS SUPERTIERNOS CON CHUTNEY DE TOMATE SUPERRÁPIDO

2 RACIONES | 20 MINUTOS EN TOTAL

4 huevos grandes

2 bollos suaves

1 cebolla roja

1 cdta. de garam masala

200 g de tomates maduros

½ manojo de cilantro (15 g)

Batir y sazonar los huevos. Cortar los bollos por la mitad. Pelar y rallar la cebolla, y poner 1 cucharada en un bol con una pizca de sal marina y un poco de vinagre de vino tinto para encurtirla rápidamente. Esparcir el resto en una sartén grande antiadherente, a fuego medio, con 1 cucharada de aceite de oliva y la mayor parte del garam masala. Freír 3 minutos, revolviendo a menudo, y mientras rallar los tomates. Apartar las cebollas a un lado de la sartén, verter el tomate y dejar que chisporrotee 2 minutos. En cuanto empiece a secarse, mezclar con la cebolla y freír 2 minutos más, o hasta que espese, removiendo de vez en cuando.

Desplazar hacia un lado el chutney de tomate y tostar los bollos por las dos caras, moviéndolos por la sartén para recoger cualquier resto pegajoso. Extender el chutney de tomate sobre las bases de los bollos, añadir las hojas de cilantro troceadas, poner las tapas encima y aplastar, y luego transferir a los platos. Hacer los huevos revueltos al gusto, disponer junto a los bollos y agregar la cebolla escurrida por encima. Servir espolvoreados con garam masala.

ENERGÍA	GRASAS	GR. SAT	PROTEÍNAS	H. CARB.	AZÚCARES	SAL	FIBRA
415 kcal	20,6 g	4,5 g	20,9 g	40,4 g	9,5 g	1,7 g	4,6 g

CRUMPETS CON HUEVO Y HALLOUMI

HUEVO FRITO Y SALSA DE TOMATES CHERRY, AGUACATE Y LIMA

1 RACIÓN | 10 MINUTOS EN TOTAL

2 huevos grandes

2 crumpets

80 g de tomates cherry maduros
   de diferentes colores

1 cdta. de salsa de chile picante

½ lima

2 ramitas de cilantro

¼ de aguacate pequeño maduro

8 g de queso halloumi

Batir un huevo en un plato hondo, añadir los crumpets y remojarlos por los dos lados. Para hacer la salsa, cortar los tomates en cuartos y, en un bol pequeño, mezclar con la salsa de chile y un poco de zumo de lima. Sazonar al gusto y añadir por encima unas hojas de cilantro. Pelar, picar y agregar el aguacate. Revolver en el momento de servir el plato.

Poner una sartén antiadherente a fuego medio con 1 cucharadita de aceite de oliva. Cascar en ella el otro huevo, agregar los crumpets al lado y tapar la sartén. Darles la vuelta a los crumpets cuando estén dorados y freír el huevo al gusto. Transferir a un plato y enseguida rallar el queso halloumi en la sartén. Revolver la salsa preparada y servirla sobre los crumpets. Cuando el halloumi esté dorado, despegarlo con ayuda de una espátula y volcarlo con decisión sobre el plato, con el lado dorado hacia arriba. Terminar con un poco más de salsa de chile, si se desea.

ENERGÍA	GRASAS	GR. SAT	PROTEÍNAS	H. CARB.	AZÚCARES	SAL	FIBRA
450 kcal	21,4 g	5,7 g	20,6 g	43,7 g	6,9 g	1,8 g	3,7 g

HUEVOS AL HORNO AL ESTILO CAJÚN

PATATAS, BONIATOS Y PIMIENTOS ASADOS, KALE CRUJIENTE Y PANCETA

4 RACIONES | 1 HORA Y 20 MINUTOS EN TOTAL

2 cebollas rojas

2 pimientos de diferentes colores

1 boniato (250 g)

1 patata (250 g)

2 cdtas. colmadas de mezcla
    de especias cajún

50 g de kale

4 lonchas de panceta ahumada

4 huevos grandes

Precalentar el horno a 200 °C. Pelar las cebollas y cortarlas en octavos. Cortar por la mitad los pimientos y despepitarlos, lavar el boniato y la patata, y cortar todo en trozos de 3 cm. En una fuente de horno de 25 × 35 cm, mezclar con las cebollas, las especias y 1 cucharada de aceite de oliva. Asar en la base del horno 50 minutos. Mientras, trocear la kale, desechar los tallos duros, untarla con 1 cucharada de aceite y reservar.

Sacar la fuente del horno, repartir la kale entre las otras verduras, agregar la panceta y volver a introducir en el horno 5 minutos. Extraer la fuente y cascar los huevos sobre las verduras. Meter de nuevo en el horno los últimos 5 minutos o hasta que los huevos estén hechos al gusto. Sazonar los huevos y servir en el centro de la mesa.

ENERGÍA	GRASAS	GR. SAT	PROTEÍNAS	H. CARB.	AZÚCARES	SAL	FIBRA
309 kcal	14,7 g	3,2 g	12 g	34,3 g	12,2 g	0,7 g	6,3 g

HUEVOS DUROS CON SALSA ORIENTAL

SÉSAMO, SOJA, CHILE FRESCO, LIMA, HABAS DE SOJA Y TIRABEQUES

2 RACIONES | 10 MINUTOS EN TOTAL

4 huevos grandes	1 diente de ajo
160 g de habas de soja congeladas	2 limas
160 g de tirabeques	2 cdas. de tahini
1 chile rojo fresco	1 cda. de salsa de soja baja en sal

Cocer los huevos en una olla con agua salada hirviendo 6 minutos, añadir las habas de soja y los tirabeques para blanquearlos en los últimos 2 minutos, y luego escurrir todo.

Mientras tanto, cortar el chile por la mitad y despepitarlo, pelar el ajo y majar ambos en el mortero hasta obtener una pasta. Rallar finamente la cáscara de 1 lima sobre una tabla para más tarde. Exprimir el zumo de las dos limas en el mortero, mezclar con el tahini y condimentar con salsa de soja al gusto. Mezclar las verduras con 1 cucharadita de aceite de oliva virgen extra y repartir en los platos. Pelar los huevos y disponerlos encima. Con una cuchara, verter la salsa sobre los huevos y terminar con una pizca de ralladura de lima.

ENERGÍA	GRASAS	GR. SAT	PROTEÍNAS	H. CARB.	AZÚCARES	SAL	FIBRA
342 kcal	22,5 g	3,8 g	23,7 g	13,9 g	4 g	0,9 g	4,7 g

FRITTATA DE INSPIRACIÓN INDIA

CHAPATIS TOSTADOS, BOMBAY MIX, QUESO CHEDDAR Y CHUTNEY

6 RACIONES | 25 MINUTOS EN TOTAL

4 chapatis integrales

8 huevos grandes

2 cdas. de chutney de mango

50 g de queso cheddar maduro

200 g de espinacas baby

30 g de aperitivo indio Bombay mix

½ cebolla roja pequeña

2 cdas. de yogur natural

Precalentar el horno a 200 °C. Poner en la placa a fuego medio una sartén antiadherente de 26 cm apta para horno y tostar ligeramente los chapatis uno a uno. Mientras, en un bol grande, batir los huevos con la mitad del chutney. Agregar la mayor parte del queso rallándolo de manera gruesa, las espinacas picadas y los chapatis tostados y troceados de forma irregular. Añadir una pizca de sal marina y pimienta negra, y mezclar todo bien.

Poner 1 cucharada de aceite de oliva en la sartén y verter la mezcla de huevo. Añadir el queso restante rallado y esparcir por encima el Bombay mix. Sacudir la sartén sobre el fuego 1 minuto y luego meterla en el horno 10 minutos, o hasta que la frittata esté dorada y cuajada. Mientras tanto, rallar la cebolla, mezclar con una pizca de sal y 1 cucharada de vinagre de vino tinto para encurtirla rápidamente. Servir la frittata con el yogur, el chutney de mango restante y la cebolla roja escurrida por encima.

ENERGÍA	GRASAS	GR. SAT	PROTEÍNAS	H. CARB.	AZÚCARES	SAL	FIBRA
313 kcal	16,3 g	5,7 g	17,2 g	24,6 g	5,2 g	1,8 g	2,9 g

PASTEL DE FILO CON HUEVO Y JAMÓN

RELLENOS DE GRUYER, MANZANA, ESPINACAS Y CEBOLLETAS

6 RACIONES | 1 HORA EN TOTAL

8 huevos grandes

2 manzanas de mesa

80 g de queso gruyer

100 g de jamón dulce de buena calidad, en lonchas

200 g de espinacas baby

1 manojo de cebolletas

150 g de queso cottage

6 láminas de masa filo

Precalentar el horno a 200 °C. Batir los huevos en un bol grande. Rallar las manzanas y la mayor parte del queso gruyer de manera gruesa. Cortar el jamón en tiras. Trocear las espinacas. Limpiar y picar las cebolletas. Añadir todo a los huevos junto con el queso cottage y una pizca de pimienta negra, y batir para mezclar. Verter la mezcla en otro bol pasándola por un colador para separar el huevo del relleno. Reservar el huevo.

Untar con aceite de oliva una fuente de horno de 30 × 35 cm. Extender una lámina de masa filo y repartir por encima de manera uniforme una sexta parte del relleno. Enrollar la lámina y disponerla en la fuente engrasada, plegando los bordes si es necesario. Repetir lo mismo con las otras láminas y el resto del relleno. Pincelar la superficie con un poco de aceite y hornear en la base del horno 20 minutos. Verter la mezcla de huevo reservada repartiéndola de manera uniforme, rallar por encima el queso restante y meter en el horno 10 minutos más, o hasta que esté dorada.

ENERGÍA	GRASAS	GR. SAT	PROTEÍNAS	H. CARB.	AZÚCARES	SAL	FIBRA
354 kcal	16,4 g	6 g	23,2 g	31,2 g	7,6 g	1,5 g	1,9 g

HUEVOS POCHÉ CON ENSALADA

CEREALES CON PIMIENTOS Y DUKKA, ESPINACAS Y GRANADA

2 RACIONES | 15 MINUTOS EN TOTAL

2 cdas. de mezcla dukkah

1 paquete de mezcla de cereales cocidos (250 g)

½ frasco de pimientos rojos asados (230 g)

200 g de espinacas baby

4 huevos grandes

½ granada

2 cdas. colmadas de yogur natural

Poner a hervir agua salada en una olla grande a fuego suave para escalfar los huevos. Tostar la mayor parte de la mezcla dukkah en una sartén grande antiadherente a fuego medio durante 2 minutos y luego añadir los cereales. Agregar los pimientos escurridos y finamente picados. Cocinar 5 minutos removiendo, sazonar al gusto y repartir en los platos. Colocar la sartén de nuevo en el fuego y ablandar rápidamente las espinacas. Sazonar al gusto y repartir sobre los cereales.

Mientras tanto, verter los huevos cascados uno a uno en el agua hirviendo a fuego suave con un solo movimiento fluido y escalfar 3 minutos, o hasta que estén hechos al gusto. Exprimir un poco de zumo de la granada en un bol y mezclar con el yogur formando vetas. Golpear la mitad de la granada con el dorso de una cuchara para que caigan las semillas restantes. Escurrir los huevos en papel de cocina y luego depositarlos sobre las espinacas. Añadir encima el yogur y espolvorear con la mezcla dukkah restante y las semillas de granada.

ENERGÍA	GRASAS	GR. SAT	PROTEÍNAS	H. CARB.	AZÚCARES	SAL	FIBRA
436 kcal	18,9 g	4,5 g	23,5 g	40,2 g	8,4 g	0,5 g	8,3 g

1 ESTOFADO DE CARNE PICADA CON GUINNESS
ZANAHORIAS, SALVIA, CEBOLLA Y UNA CAPA DE PATATAS POR ENCIMA

2 CARNE CON SALSA DE ALUBIAS NEGRAS
ARROZ ESPONJOSO, TORTILLA DE CHILE FRESCO Y CEBOLLETA

3 HAMBURGUESA CON BEICON Y QUESO
EN UN BOLLO CON CHAMPIÑONES, PEPINILLOS Y CREMA AGRIA

4 UNA BOLOÑESA MUY BRITÁNICA
ROMERO, PALE ALE, CHAMPIÑONES, QUESO CHEDDAR Y PASTA

5 KEBAB DE CORDERO CON PAN PLANO
AJO, CHILE FRESCO, COMINO, ENSALADA DE HOJITAS Y QUESO FETA

6 ALBÓNDIGAS DE CERDO CON MANZANA
MOSTAZA, PURÉ DE PATATA, CREMA AGRIA Y SALSA DE CEBOLLINO

7 MI PASTEL DE CARNE MEXICANO
ALUBIAS NEGRAS, PIMIENTOS ROJOS DULCES Y JALAPEÑOS

CARNE
PICADA

ESTOFADO DE CARNE PICADA CON GUINNESS

ZANAHORIAS, SALVIA, CEBOLLA Y UNA CAPA DE PATATAS POR ENCIMA

4 RACIONES | 1 HORA Y 30 MINUTOS EN TOTAL

4 zanahorias

165 g de cebollitas en vinagre

500 g de carne magra de ternera
    o «carne vegetal» picada

1 manojo de salvia (20 g)

1 cda. colmada de mermelada
    de grosella negra

800 g de patatas

220 ml de cerveza Guinness

1 litro de caldo de pollo o de verduras

Precalentar el horno a 180 °C. Lavar las zanahorias, cortarlas en trozos de 3 cm y colocarlas a fuego vivo en una cazuela antiadherente amplia y poco profunda con 1 cucharada de aceite de oliva. Freír 5 minutos o hasta que estén doradas, y revolver a menudo. Añadir las cebollitas en vinagre escurridas y luego la carne picada. Cocinar 15 minutos removiendo con frecuencia. A mitad de la cocción, agregar las hojas de la salvia, una pizca de sal marina, pimienta negra y la mermelada, y dejar que todo adquiera un todo oscuro y se caramelice.

Mientras tanto, lavar las patatas. Trocear 200 g, ponerlas en una picadora junto con la Guinness y triturar hasta obtener una mezcla homogénea. Verter en la cazuela, dejar que se evapore el líquido y se espese la mezcla, y luego agregar el caldo. Llevar a ebullición mientras se cortan las patatas restantes en rodajas de ½ cm de grosor. Cuando hierva, apagar el fuego y, con cuidado, disponer las patatas sobre el guiso cubriéndolo todo. Rociar con 1 cucharada de aceite, transferir al horno y asar 1 hora, o hasta que las patatas estén doradas, crujientes y hechas por dentro.

Estos valores corresponden al plato hecho con carne picada de ternera.

ENERGÍA	GRASAS	GR. SAT	PROTEÍNAS	H. CARB.	AZÚCARES	SAL	FIBRA
503 kcal	13,8 g	3,8 g	38 g	56 g	16,4 g	1,8 g	6,2 g

CARNE CON SALSA DE ALUBIAS NEGRAS

ARROZ ESPONJOSO, TORTILLA DE CHILE FRESCO Y CEBOLLETA

4 RACIONES | 40 MINUTOS EN TOTAL

500 g de carne magra de ternera
    o «carne vegetal» picada

un trozo de jengibre de 6 cm

4 dientes de ajo

2 chiles rojos frescos

200 g de salsa de alubias negras

1 taza de arroz basmati (300 g)

1 manojo de cebolletas

4 huevos grandes

Poner la carne en una sartén antiadherente de 26 cm a fuego fuerte con 1 cucharada de aceite de oliva y bastante pimienta negra. Freír 10 minutos o hasta que empiece a caramelizarse. Pelar el jengibre y el ajo, y picarlos junto con 1 chile sin las pepitas. Añadir a la sartén, verter la salsa de alubias negras y aplastar con un prensador de patatas. Reducir el fuego a medio y cocinar 10 minutos más, prensando de vez en cuando, hasta que la carne se dore y adquiera un tono oscuro.

Mientras, poner 1 taza de arroz, 2 tazas de agua hirviendo (600 ml) y una pizca de sal en una olla mediana. Tapar y cocer a fuego medio 12 minutos, o hasta que se absorba toda el agua. Limpiar las cebolletas, cortar la parte blanca en rodajas de 1 cm y picar la verde con el chile restante. Agregar la blanca a la carne picada junto con 1 cucharada de vinagre de vino tinto. Dejar que chisporrotee y luego verter 400 ml de agua hirviendo. Cocer a fuego suave 5 minutos, o hasta que se reduzca a un precioso mar de carne picada. Repartir en los platos junto con el arroz.

Limpiar la sartén, volver a calentarla a fuego fuerte y engrasarla con una bola de papel aceitada. Echar enseguida 1 huevo batido, mover la sartén para que se extienda y añadir un cuarto de la mezcla de chile y cebolleta. Freír solo 30 segundos y, con el reverso de una cuchara, despegar la tortilla por los lados. Volcarla sobre el primer plato y repetir el proceso hasta usar todos los ingredientes.

Estos valores corresponden al plato hecho con carne picada de ternera.

ENERGÍA	GRASAS	GR. SAT	PROTEÍNAS	H. CARB.	AZÚCARES	SAL	FIBRA
578 kcal	16,3 g	5 g	41,3 g	71,2 g	5,2 g	1,6 g	1,3 g

HAMBURGUESA CON BEICON Y QUESO

EN UN BOLLO CON CHAMPIÑONES, PEPINILLOS Y CREMA AGRIA

1 RACIÓN | 12 MINUTOS EN TOTAL

3 champiñones Portobello

125 g de carne de ternera picada

2 lonchas de beicon ahumado

1 bollo

2 cdtas. colmadas de crema agria

1 pepinillo

25 g de queso cheddar

1 cda. de salsa Worcestershire

Cortar el pie de los champiñones dejando solo un bonito sombrero (guardar los pies para otra vez). Colocar los champiñones con la cara cortada hacia abajo en un lado de una sartén antiadherente sin aceite a fuego fuerte. Cocinar 5 minutos. Mientras, compactar y trabajar la carne picada con las manos. Dividirla en dos bolas iguales, aplanarlas hasta lograr un grosor de ½ cm y poner una loncha de beicon sobre cada una.

Darles la vuelta a los champiñones, poner las hamburguesas en la sartén con el beicon debajo, espolvorear con un poco de sal marina y pimienta negra, y freír a fuego fuerte 2 minutos, presionando con una espátula para que el beicon se quede crujiente. Darles la vuelta y freír solo 1 minuto por el otro lado. Poner los champiñones sobre las hamburguesas, cortar el bollo por la mitad y tostarlo rápidamente en un lado de la sartén. Transferir el pan a una tabla de servir, untarlo con la crema agria y colocar apiladas las dos hamburguesas con los champiñones. Rebanar los pepinillos en láminas y añadir encima.

Rallar el queso en el lado más limpio de la sartén fuera del fuego, verter la salsa Worcestershire e, inclinando la sartén, revolver 30 segundos para mezclar y fundir el queso. Verter la mezcla de queso sobre las hamburguesas, poner encima la tapa del bollo y devorarlo.

ENERGÍA	GRASAS	GR. SAT	PROTEÍNAS	H. CARB.	AZÚCARES	SAL	FIBRA
517 kcal	24,3 g	12,3 g	42,3 g	34,1 g	4,6 g	2,8 g	2,3 g

UNA BOLOÑESA MUY BRITÁNICA

ROMERO, PALE ALE, CHAMPIÑONES, QUESO CHEDDAR Y PASTA

2 RACIONES + **6 DE BOLOÑESA PARA CONGELAR** | **1 HORA Y 30 MINUTOS EN TOTAL**

2 ramitas de romero

400 g de mezcla de cebolla, zanahoria
   y apio troceados

250 g de champiñones Portobello

500 g de carne magra de ternera,
   de cerdo o «vegetal» picada

500 ml de cerveza Pale Ale

2 latas de tomates cherry (800 g)

250 g de láminas de lasaña fresca

20 g de queso cheddar

Poner una cazuela antiadherente amplia y poco profunda a fuego medio-alto. Separar y picar las hojas de romero y dorarlas en la cazuela con 1 cucharada de aceite de oliva. Añadir la mezcla de verduras y cocinar 10 minutos revolviendo a menudo. Mientras tanto, limpiar y picar los champiñones. Agregarlos a la cazuela junto con la carne picada e ir desmenuzando esta con la cuchara. Rehogar 15 minutos o hasta que se dore y se caramelice. Verter la cerveza, dejar que se reduzca y luego agregar los tomates y una lata de agua, aplastando la mezcla con un prensador de patatas. Cocer a fuego medio-bajo durante 1 hora, aplastando todo de vez en cuando para espesar la textura. Salar al gusto.

Para 2 raciones, cortar las láminas de lasaña en tiras de 2 cm de grosor o bien, para hacer algo más divertido, apilar las láminas y cortar rajas de 2 cm a intervalos de ½ cm por toda la superficie. Cocer la pasta solo 3 minutos en una olla grande con agua salada hirviendo. Retirarla con una cuchara y mezclarla con 2 porciones de salsa boloñesa, aligerando esta con un poco de agua de la cocción si es necesario. Rallar por encima el queso y servir enseguida. Verter la salsa que sobre en recipientes adecuados, dejarla enfriar y guardarla en la nevera o en el congelador para otro día. ¡La felicidad!

Estos valores corresponden al plato hecho con carne picada de ternera.

ENERGÍA	GRASAS	GR. SAT	PROTEÍNAS	H. CARB.	AZÚCARES	SAL	FIBRA
397 kcal	10,5 g	5,9 g	25,6 g	47,5 g	7,4 g	0,7 g	2 g

KEBAB DE CORDERO CON PAN PLANO

AJO, CHILE FRESCO, COMINO, ENSALADA DE HOJITAS Y QUESO FETA

2 RACIONES | 25 MINUTOS EN TOTAL

225 g de harina leudante y un poco
    más para espolvorear

1 cebolla roja

250 g de carne magra de cordero
    o «carne vegetal» picada

4 dientes de ajo

1 cdta. de semillas de comino

1 chile rojo fresco

30 g de queso feta

50 g de ensalada de hojas variadas

Verter la harina en un bol con una pizca de sal marina, añadir 125 ml de agua y mezclar hasta obtener una masa. En una superficie enharinada, amasar 2 minutos y luego cubrir y dejar reposar. Pelar y picar la cebolla y mezclar un tercio en un pequeño bol con una pizca de sal y 1 cucharada de vinagre de vino tinto, para encurtirla rápidamente. Poner la carne picada en una sartén antiadherente de 30 cm a fuego medio con ½ cucharada de aceite de oliva; rehogar 3 minutos revolviendo y desmenuzando la carne con una cuchara. Añadir el resto de la cebolla, el ajo pelado y rallado, y el comino. Sazonar con un poco de sal y una buena pizca de pimienta negra. Revolver bien y cocinar 3 minutos más, o hasta que la carne esté ligeramente dorada. Mientras tanto, estirar con el rodillo la masa formando una circunferencia de 35 cm.

Picar el chile e incorporarlo a la carne con 1 cucharada de vinagre de vino tinto. Transferir la masa de harina a la sartén con un movimiento rápido para cubrir la carne y remeterla por los bordes con una cuchara de madera. Tapar y cocinar 5 minutos, o hasta que el pan esté hinchado y bien cocido. Con unos guantes de cocina, cubrir la sartén con una tabla; con decisión, pero con cuidado, darle la vuelta. Desmenuzar el queso feta por encima y añadir las hojas de la ensalada y la cebolla encurtida junto con el jugo. Enrollar, cortar y disfrutar.

Estos valores corresponden al plato hecho con carne magra de cordero.

ENERGÍA	GRASAS	GR. SAT	PROTEÍNAS	H. CARB.	AZÚCARES	SAL	FIBRA
726 kcal	24,7 g	10,5 g	38,5 g	94 g	7,5 g	2,4 g	6 g

ALBÓNDIGAS DE CERDO CON MANZANA

MOSTAZA, PURÉ DE PATATA, CREMA AGRIA Y SASA DE CEBOLLINO

4 RACIONES | **35 MINUTOS EN TOTAL**

800 g de patatas

500 g de carne magra de cerdo

1 cdta. de mostaza de grano

1 manzana de mesa

150 g de pan blanco tierno

1 litro de caldo de pollo

65 g de crema agria

1 manojo de cebollino (20 g)

Pelar las patatas, cortarlas en trozos de tamaño similar y cocerlas en una olla grande con agua salada hirviendo 15 minutos, o hasta que estén blandas. Mientras, poner la carne picada en un bol con la mostaza. Agregar la manzana rallada de forma gruesa. Poner en una picadora 75 g de la corteza del pan y triturar hasta obtener una textura de pan rallado. Agregar a la carne, sazonar con sal marina y pimienta negra, y mezclar bien. Con las manos húmedas, dividir la mezcla en cuatro bloques y después cada bloque en ocho, para moldear 32 bolas en total. Poner a hervir el caldo a fuego suave en una olla grande y escalfar las albóndigas 5 minutos, o hasta que estén cocidas por dentro.

Escurrir las patatas, devolverlas a la olla, aplastarlas bien con 1 cucharada de aceite de oliva virgen extra y sazonar al gusto. Repartir el puré en platos hondos calientes y, con una cuchara ranurada, sacar las albóndigas de la olla y depositarlas encima. Poner en la batidora la miga del pan junto con la crema agria y la mayor parte del cebollino. Agregar 300 ml de caldo y triturar hasta obtener una mezcla sedosa y espumosa. Sazonar al gusto y repartir en los platos. Para terminar, espolvorear con el resto del cebollino picado y rociar con 1 cucharada de aceite de oliva.

ENERGÍA	GRASAS	GR. SAT	PROTEÍNAS	H. CARB.	AZÚCARES	SAL	FIBRA
475 kcal	16 g	4,9 g	32,1 g	51,9 g	5,5 g	1,2 g	4,3 g

MI PASTEL DE CARNE MEXICANO

ALUBIAS NEGRAS, PIMIENTOS ROJOS DULCES Y JALAPEÑOS

4 RACIONES | 1 HORA EN TOTAL

1 cebolla roja

2 pimientos rojos

14 rodajas de chiles jalapeños verdes
en conserva

½ manojo de cilantro (15 g)

1 lata de alubias negras (400 g)

500 g de carne magra
de ternera picada

1 lata de tomates cherry (400 g)

4 cdas. de crema agria

Precalentar el horno a 220 °C. Pelar la cebolla, cortarla en gajos y separarla en pétalos. Partir los pimientos por la mitad y despepitarlos, cortarlos en trozos de 3 cm. Mezclar ambos con 1 cucharada de aceite de oliva en una fuente de horno de 25 × 35 cm. Asar 15 minutos y, mientras, picar los jalapeños y los tallos del cilantro reservando las hojas. Escurrir las alubias y poner la mitad en un bol grande con la carne picada, los jalapeños y los tallos de cilantro. Añadir una buena pizca de sal marina y pimienta negra. Comprimir bien todo con las manos y darle forma de hogaza alargada. Disponer la carne sobre las cebollas y los pimientos en el centro de la fuente. Asar 15 minutos.

Sacar la fuente del horno, rociar con 1 cucharada de vinagre de vino tinto alrededor de la carne y repartir el resto de las alubias y los tomates cherry aplastando estos. Diluir con un poco de agua los restos de la lata de tomate y agregar todo. Remover la salsa, sazonar y meter en el horno 15 minutos más, o hasta que el pastel de carne esté bien dorado y cocido. Servirlo con la crema agria y espolvoreado con las hojas de cilantro.

ENERGÍA	GRASAS	GR. SAT	PROTEÍNAS	H. CARB.	AZÚCARES	SAL	FIBRA
327 kcal	12,9 g	5,1 g	33,2 g	17,2 g	10,7 g	1,7 g	9,7 g

PATATAS

GUISO DE CORDERO CON PATATAS HASSELBAK

CORDERO, ZANAHORIAS, SIDRA, SALVIA Y CONDIMENTO BRANSTON

4 RACIONES | 2 HORAS EN TOTAL

500 g de cordero para estofar cortado en dados

2 cebollas

2 zanahorias

1 manojo de salvia (20 g)

1 cda. de condimento Branston

2 cdas. de harina

500 ml de sidra seca

750 g de patatas nuevas

Sazonar el cordero con sal marina y mucha pimienta negra. Ponerlo en una cazuela poco profunda a fuego fuerte con 1 cucharada de aceite de oliva y darle vueltas para que se dore por todas partes. Mientras, pelar las cebollas y las zanahorias, y cortarlas en trozos del mismo tamaño que el cordero. Retirar el cordero y reservarlo en un plato dejando la grasa en la cazuela. Reducir el fuego a medio, añadir las cebollas, las zanahorias, las hojas de salvia troceadas y un poco de agua. Cocinar 10 minutos revolviendo de vez en cuando. Devolver el cordero a la cazuela y añadir el condimento Branston y luego la harina. Verter la sidra y 600 ml de agua para cubrir todo.

Precalentar el horno a 180 °C. Colocar una patata sobre una tabla entre los mangos de dos cucharas de madera y hacer cortes verticales a intervalos de ½ cm a todo lo largo de la patata; las cucharas impedirán que el cuchillo llegue hasta abajo. Repetir con el resto de las patatas. Revolver el guiso, sazonar al gusto e introducir las patatas con el lado de los cortes hacia arriba. Asar en el horno 1 hora y 30 minutos, o hasta que las patatas estén doradas y hayan absorbido el delicioso sabor del guiso.

ENERGÍA	GRASAS	GR. SAT	PROTEÍNAS	H. CARB.	AZÚCARES	SAL	FIBRA
591 kcal	20,4 g	8,2 g	34,8 g	63 g	15 g	1,1 g	6 g

PATATAS RELLENAS BOMBAY

RAITA DE ZANAHORIA, CHILE RALLADO Y HUEVOS FRITOS CON MENTA

2 RACIONES | 1 HORA Y 10 MINUTOS EN TOTAL

2 patatas grandes

2 cdtas. de garam masala y un poco más para espolvorear

2 zanahorias grandes

3 cdas. colmadas de yogur griego

½ manojo de menta (15 g)

2 huevos grandes

1 chile rojo fresco o congelado

Precalentar el horno a 200 °C. Lavar las patatas, pincharlas por todas partes con un tenedor y frotarlas con una cucharadita de aceite de oliva, el garam masala y una pizca de sal marina. Ponerlas en una fuente de horno y asar 1 hora. Mientras, limpiar y rallar finamente las zanahorias, envolverlas en un paño de cocina limpio y estrujarlas para eliminar el exceso de líquido. Pasarlas a un bol, mezclarlas con el yogur y sazonar al gusto.

Justo antes de que las patatas estén listas, poner una sartén grande antiadherente a fuego medio-alto con 1 cucharada de aceite. Añadir las hojas de la menta y, después de 1 minuto, cascar los huevos encima. Espolvorearlos con un poco de garam masala y freírlos al gusto. Abrir las patatas con un corte en cruz y rellenarlas con la raita de zanahoria. Picar el chile fresco o rallar el chile congelado y esparcirlo por encima al gusto. Servir las patatas rellenas con los huevos al lado.

ENERGÍA	GRASAS	GR. SAT	PROTEÍNAS	H. CARB.	AZÚCARES	SAL	FIBRA
444 kcal	17,7 g	6,2 g	16,9 g	58,3 g	10,9 g	1,1 g	6,1 g

PASTEL DE PATATA CRUJIENTE
RELLENO DE QUESO CHEDDAR Y RED LEICESTER, CEBOLLETAS Y TOMATE

4 RACIONES | 1 HORA Y 30 MINUTOS EN TOTAL

1 kg de patatas

350 g de tomates maduros

1 manojo de cebolletas

50 g de queso cheddar

50 g de queso Red Leicester

1 limón

70 g de rúcula

Pelar las patatas, cortarlas en trozos de tamaño similar y cocerlas en una olla grande con agua salada hirviendo 15 minutos, o hasta que estén tiernas. Mientras, partir los tomates por la mitad, despepitarlos y cortarlos en dados. Mezclar con una buena pizca de sal marina y ponerlos en un colador para que escurran. Limpiar y picar las cebolletas. Rallar los quesos de forma gruesa. Exprimir los tomates para eliminar el exceso de agua y mezclar con las cebolletas y el queso. Extender una hoja de papel parafinado de 40 × 30 cm.

Precalentar el horno a 200 °C. Escurrir las patatas, machacarlas bien con 2 cucharadas de aceite de oliva virgen extra y sazonar al gusto. Volcar el puré en la hoja de papel parafinado. Cuando esté lo bastante frío como para manipularlo, moldearlo con las manos engrasadas para formar un rectángulo de 1 cm de grosor. Extender la mezcla de tomate sobre la mitad del rectángulo dejando un margen de 2 cm alrededor y luego, con un rápido movimiento y la ayuda del papel, plegar encima la otra mitad del puré. Desprender la mitad superior del papel y, con ayuda de este, transferir el pastel a una fuente de horno de 20 × 30 cm. Arrancar el papel que sobre y plegar y presionar el puré en los bordes, rellenando cualquier hueco que haya quedado. Con un cuchillo, alisar la superficie y dibujar algún diseño si se desea. Pincelar con 1 cucharada de aceite de oliva y hornear 50 minutos, o hasta que el pastel esté dorado y crujiente. Cortar y servir acompañado de la rúcula aliñada con limón.

ENERGÍA	GRASAS	GR. SAT	PROTEÍNAS	H. CARB.	AZÚCARES	SAL	FIBRA
402 kcal	19,3 g	6,9 g	13,1 g	46,9 g	5,1 g	1,1 g	4,8 g

PAN NAAN RELLENO DE PATATA

ESPINACAS, CEBOLLA DULCE Y YOGUR CON CHUTNEY DE MANGO

4 RACIONES | 50 MINUTOS EN TOTAL

300 g de harina leudante y un poco más para espolvorear

1 patata (250 g)

2 cebollas

300 g de espinacas congeladas

1 cda. colmada de pasta de curry de Madrás

2 cdtas. colmadas de chutney de mango

2 cdas. colmadas de yogur natural

40 g de queso feta

Poner la harina en un bol grande con una pizca de sal marina, añadir 150 ml de agua y mezclar para formar una masa. Amasar 3 minutos y dejar reposar. Para el relleno, pelar la patata y las cebollas, cortarlas en trozos de 3 cm y cocerlas en una olla con agua salada hirviendo 10 minutos. Mientras, calentar las espinacas y la pasta de curry en una sartén amplia antiadherente a fuego suave, tapar y dejar que se descongelen y se fríen suavemente. Incorporar las patatas y las cebollas escurridas. Cocinar a fuego medio-alto hasta que estén doradas y un poco crujientes, y machacarlas mientras se hacen. Esparcirlas luego en un plato para que se enfríen.

Dividir la masa de harina en dos bolas y, sobre una superficie enharinada, estirarlas para formar redondeles de 15 cm. Dividir el relleno en dos, moldear una bola compacta con cada porción y colocar cada bola en un redondel de masa. Estirar con suavidad la masa alrededor del relleno para sellar los naans. Aplanar y formar de nuevo redondeles de 15 cm. Freír cada naan en la sartén a fuego medio-bajo con 1 cucharada de aceite de oliva durante 10 minutos o hasta que esté dorado e hinchado, y darle la vuelta unas cuantas veces. Mezclar ligeramente el chutney de mango con el yogur y servir los naans con queso feta desmenuzado por encima. Cortarlos en rodajas y mojarlos en la salsa.

ENERGÍA	GRASAS	GR. SAT	PROTEÍNAS	H. CARB.	AZÚCARES	SAL	FIBRA
457 kcal	9,9 g	2,6 g	14,1 g	82,5 g	13,5 g	1,8 g	4,5 g

PESCADO CON CINTAS DE PATATA CRUJIENTES

JUDÍAS VERDES Y PESTO DE ALMENDRAS, TOMATE SECO Y ALBAHACA

2 RACIONES | **20 MINUTOS EN TOTAL**

1 patata (250 g)

2 filetes de pescado blanco sin piel
   y sin espinas (140 g)

160 g de judías verdes finas

½ manojo de albahaca (15 g)

½ diente de ajo

20 g de almendras blanqueadas

2 tomates secados al sol

20 g de queso parmesano

Precalentar el grill a temperatura alta. Lavar la patata y, con un pelador de verduras, cortarla en cintas. En un bol, poner las cintas junto con el pescado, una cucharadita de aceite de oliva y una pizca de sal marina y pimienta negra. Colocar el pescado en una fuente de horno antiadherente y, sobre cada filete, disponer las cintas de patata formando ondas. Asar 10 minutos o hasta que se doren y esté todo bien hecho (vigilar que no se queme).

Mientras, limpiar las judías verdes y cocerlas en una olla con agua salada hirviendo 7 minutos, o hasta que estén tiernas. Machacar en un mortero la mitad superior de los tallos de albahaca con las hojas y una pizca de sal hasta formar una pasta. Añadir y machacar el ajo pelado, y luego las almendras y un tomate seco. Agregar la mayor parte del parmesano rallado y 3 cucharadas de aceite de oliva virgen extra, y sazonar al gusto. Picar el otro tomate. Servir el pescado cubierto con la patata encima junto con las judías verdes y el pesto. Terminar con el tomate picado, un chorrito de aceite de oliva virgen extra y el resto del queso rallado.

ENERGÍA	GRASAS	GR. SAT	PROTEÍNAS	H. CARB.	AZÚCARES	SAL	FIBRA
553 kcal	34,9 g	6 g	35,4 g	25,9 g	3,2 g	1,6 g	4,3 g

LASAÑA DE PATATA

SALSA CREMOSA CON ESPÁRRAGOS, QUESO GORGONZOLA Y PESTO

6 RACIONES | **2 HORAS Y 10 MINUTOS EN TOTAL**

2 manojos de espárragos (700 g)	800 g de patatas grandes
2 cebollas	30 g de queso parmesano
50 g de harina	70 g de queso gorgonzola
1 litro de leche semidesnatada	1 cda. de pesto verde

Precalentar el horno a 180 °C. Romper los extremos leñosos de los espárragos. Picar finamente 3 cm de la parte inferior de cada espárrago y reservar el resto. Pelar y picar las cebollas. Poner las verduras picadas a fuego medio en una cazuela grande antiadherente con 2 cucharadas de aceite de oliva. Freír 15 minutos o hasta que se ablanden, revolviendo a menudo. Añadir la harina y luego, poco a poco, la leche. Cocer a fuego suave removiendo 5 minutos. Triturar hasta obtener una textura homogénea (en tandas si es necesario) y devolver la cazuela. Raspar las patatas y cortarlas en rodajas finas, añadirlas a la salsa y cocer a fuego suave otros 5 minutos, removiendo a menudo. Agregar el parmesano rallado y sazonar al gusto. Partir por la mitad en sentido longitudinal el resto de los espárragos, dejando enteros los que sean finos.

En una bonita fuente de horno, (de unos 25 × 30 cm), disponer suficiente cantidad de salsa y patatas para cubrir la base. Repartir por encima unos cuantos trozos de espárragos y de gorgonzola, repetir lo mismo hasta usar todos los ingredientes y terminar con los espárragos y un poco de salsa. Hornear 1 hora o hasta que la superficie esté dorada y con burbujas, y las patatas tiernas. Dejar reposar 10 minutos y servir con el pesto por encima.

ENERGÍA	GRASAS	GR. SAT	PROTEÍNAS	H. CARB.	AZÚCARES	SAL	FIBRA
378 kcal	15,4 g	6 g	17,8 g	44,8 g	14,8 g	0,8 g	3,4 g

MI ENSALADILLA RUSA

PEPINILLOS, MANZANAS, ZANAHORIAS, GUISANTES Y CEBOLLINO

8 RACIONES COMO GUARNICIÓN | 25 MINUTOS EN TOTAL

800 g de patatas nuevas

400 g de zanahorias

200 g de guisantes congelados

8 cdas. colmadas de yogur natural

2 cdtas. colmadas de mostaza de grano

100 g de pepinillos y cebollitas en vinagre

2 manzanas de mesa

½ manojo de cebollino (10 g)

Raspar las patatas y las zanahorias y cortarlas en dados de 1½ cm. Cocerlas en una olla grande con agua salada hirviendo 10 minutos o hasta que estén blandas, y añadir los guisantes en los últimos 2 minutos. Mientras, para la salsa, poner el yogur y la mostaza en un bol grande con 1 cucharada de vinagre de vino tinto. Picar los pepinillos y cebollitas, y añadirlos. Agregar 2 cucharadas del agua de la cocción de las patatas. Sacar unas cuantas patatas cocidas, machacarlas bien e incorporarlas a la salsa para espesarla. Sazonar al gusto.

Escurrir las verduras en un colador y dejar que pierdan la humedad. Mientras, descorazonar las manzanas y cortarlas en dados de 1½ cm. Picar la mayor parte del cebollino y mezclar la mitad con la salsa, las manzanas y las verduras. Esparcir el resto del cebollino por encima y rociar con 1 cucharada de aceite de oliva virgen extra.

ENERGÍA	GRASAS	GR. SAT	PROTEÍNAS	H. CARB.	AZÚCARES	SAL	FIBRA
179 kcal	4,5 g	1,5 g	6 g	30,4 g	11,8 g	0,4 g	4,3 g

PIMIENTOS

POLLO AL PIMIENTO DOBLE

GARBANZOS CON PIMIENTOS DULCES Y SALSA DE PIMIENTOS

4 RACIONES | 35 MINUTOS EN TOTAL

3 pimientos rojos

1 cebolla roja

6 dientes de ajo

½ manojo de albahaca (15 g)

1 lata de tomates cherry (400 g)

2 latas de garbanzos (800 g)

4 pechugas de pollo deshuesadas (600 g)

vinagre balsámico espeso

Cortar los pimientos por la mitad, despepitarlos y picarlos finamente. Poner la mitad en una sartén grande antiadherente a fuego medio con 1 cucharada de aceite de oliva. Pelar y picar la cebolla y añadir tres cuartos a la sartén. Agregar el ajo pelado y cortado en rodajas finas. Freír todo 10 minutos, o hasta que se ablande, revolviendo a menudo. Mientras, para la salsa, mezclar el resto de los pimientos picados y la cebolla con ½ cucharada de vinagre de vino tinto y ½ de aceite de oliva virgen extra. Agregar la mayor parte de las hojas de albahaca cortadas en tiras y sazonar al gusto.

Añadir a la sartén de los pimientos 1 cucharada de vinagre y luego verter todo en una batidora junto con los tomates en conserva. Triturar hasta obtener una textura sedosa y devolver a la sartén. Agregar los garbanzos escurridos, remover y cocer a fuego suave 15 minutos. Hacer unos ligeros cortes cruzados en las pechugas y ponerlas en una sartén grande antiadherente a fuego medio con 1 cucharada de aceite y los 4 dientes de ajo restantes sin pelar. Freír 8 minutos, o hasta que el pollo esté dorado, jugoso y hecho por dentro, y darle la vuelta hacia la mitad del tiempo. Cortarlo en tiras y servirlo sobre los garbanzos. Repartir la salsa, el ajo y las hojas de albahaca reservadas por encima y rociar con el vinagre balsámico.

ENERGÍA	GRASAS	GR. SAT	PROTEÍNAS	H. CARB.	AZÚCARES	SAL	FIBRA
439 kcal	14,5 g	2,6 g	46,5 g	31,8 g	12 g	0,2 g	10 g

PIMIENTOS CON ALMÍBAR Y MISO

TOFU, PIÑA, FIDEOS DE ARROZ Y GUISANTES CON WASABI

2 RACIONES | 25 MINUTOS EN TOTAL

1 lata de piña en almíbar (220 g)

280 g de tofu extra firme

2 pimientos de diferentes colores

4 cebolletas

4 dientes de ajo

90 g de fideos de arroz vermicelli

20 g de guisantes con wasabi

2 cdtas. colmadas de pasta de miso rojo

Poner la piña (reservando el jugo) en una sartén antiadherente sin aceite a fuego medio. Cortar el tofu en cuatro trozos y añadir a la sartén. Dejar que se dore unos 4 minutos, darle la vuelta y dorarlo por el otro lado. Retirarlo dejando la sartén en el fuego. Despepitar los pimientos, cortarlos en trozos de 2 cm, ponerlos en la sartén con ½ cucharada de aceite de oliva y reducir el fuego a medio-bajo. Limpiar las cebolletas, cortar la parte blanca en trozos de 2 cm y añadir a la sartén; reservar la parte verde. Agregar el ajo pelado y cortado en rodajas finas, y freír todo 10 minutos, o hasta que se ablande y se dore, revolviendo a menudo. Mientras, picar la partes verde de las cebolletas. En un bol resistente al calor, cubrir los fideos con agua hirviendo. En un mortero, machacar los guisantes con wasabi.

Mezclar la pasta de miso con el jugo de la piña reservado y verter en la sartén del pimiento junto con un chorrito de agua. Dejar que chisporrotee un minuto y luego devolver a la sartén el tofu y la piña para que se glaseen. Escurrir los fideos, repartirlos en los platos y poner encima los pimientos con miso y después el tofu y la piña. Esparcir por encima los tallos verdes picados de la cebolleta y los guisantes con wasabi triturados, y comer enseguida.

ENERGÍA	GRASAS	GR. SAT	PROTEÍNAS	H. CARB.	AZÚCARES	SAL	FIBRA
459 kcal	12 g	2,1 g	18,4 g	68,2 g	25,2 g	1,5 g	4,7 g

PIMIENTOS CON CHORIZO Y LANGOSTINOS

DELICIOSO ARROZ ESPONJOSO, AJO, PEREJIL, LIMÓN Y YOGUR

4 RACIONES | 40 MINUTOS EN TOTAL

3 pimientos de diferentes colores

½ manojo de perejil de hoja plana (15 g)

50 g de chorizo

4 dientes de ajo

1 taza de arroz basmati (300 g)

320 g de langostinos crudos pelados

2 limones

4 cdas. de yogur natural

Precalentar el horno a 220 °C. Cortar cada pimiento en cuatro rodajas, despepitarlos y poner las rodajas sobre la rejilla del horno 15 minutos para que se ablanden. Mientras, picar el perejil, incluidos los tallos, y reservar las hojas picadas. Picar el chorizo y ponerlo a fuego medio-alto en una cazuela antiadherente de 30 cm apta para el horno con ½ cucharada de aceite de oliva. Remover 1 minuto o hasta que esté crujiente. Añadir el ajo pelado y rallado, y los tallos de perejil picado. Remover otro minuto y transferir a un bol, dejando la cazuela en el fuego. Agregar 1 taza de arroz y 2 tazas de agua hirviendo (600 ml), sazonar con sal marina y pimienta negra, poner encima las rodajas de pimiento e introducir en el horno 15 minutos.

Añadir los langostinos a la mezcla de chorizo junto con la ralladura de los dos limones y el zumo de 1 limón, y mezclar todo. Cuando pasen los 15 minutos del arroz, sacar la cazuela del horno, destaparla y esparcir por encima la mezcla de chorizo, hundiendo ligeramente los langostinos en el arroz. Meter en el horno 5 minutos más o hasta que los langostinos estén cocidos. Rociar con 1 cucharada de aceite de oliva virgen extra y esparcir por encima las hojas de perejil reservadas. Servir con el yogur y el limón restante cortado en gajos para exprimir por encima.

ENERGÍA	GRASAS	GR. SAT	PROTEÍNAS	H. CARB.	AZÚCARES	SAL	FIBRA
466 kcal	11 g	3 g	25,6 g	70,6 g	6,8 g	1,4 g	3,7 g

JALFREZI DE POLLO Y PIMIENTO AL HORNO

LAUREL, AJO TIERNO, CHILE VERDE, CEBOLLA DULCE Y YOGUR

4 RACIONES | 1 HORA EN TOTAL

4 muslos de pollo sin piel y con hueso

8 dientes de ajo

2 chiles verdes frescos

3 pimientos rojos

8 hojas de laurel fresco

1 cda. colmada de pasta
de curry jalfrezi

2 cdas. de mermelada de cebolla

4 cdas. de yogur natural

Precalentar el horno a 180 °C. Poner sobre la placa a fuego medio una fuente de horno resistente de 25 × 35 cm. Sazonar los muslos de pollo con una pizca de sal marina y pimienta negra, ponerlos en la bandeja con la piel hacia abajo y 1 cucharada de aceite de oliva. Añadir los dientes de ajo pelados y los chiles cortados por la mitad y despepitados, y esparcirlos en la fuente. Cortar los pimientos en cuartos, despepitarlos y agregar a la fuente.

Dar la vuelta al pollo cuando esté dorado y añadir las hojas de laurel, la pasta de curry y la mermelada de cebolla; con unas pinzas, desplazar el pollo por la fuente para recubrirlo con la salsa. Dejar que chisporrotee 5 minutos y luego añadir 2 cucharadas de vinagre de vino tinto y transferirlo al horno para asarlo 45 minutos, o hasta que la carne se desprenda del hueso. Aplastar los dientes de ajo y mezclarlos con la salsa, y después agregar el yogur y servir.

ENERGÍA	GRASAS	GR. SAT	PROTEÍNAS	H. CARB.	AZÚCARES	SAL	FIBRA
316 kcal	19,5 g	4,8 g	20,7 g	14,6 g	11,6 g	1,1 g	3,2 g

PIMIENTOS DULCES CON PATATAS ASADAS

HUEVOS REVUELTOS, RED LEICESTER, QUESO FRESCO Y PEREJIL

4 RACIONES | 1 HORA EN TOTAL

1 kg de patatas

2 cebollas

2 dientes de ajo

4 pimientos de diferentes colores

1 manojo de perejil de hoja plana (30 g)

4 huevos grandes

4 cdas. de queso cottage

40 g de queso Red Leicester

Precalentar el horno a 200 °C. Limpiar las patatas, cortarlas a lo largo en trozos de 2 cm de grosor, mezclarlas con 2 cucharadas de aceite de oliva y una pizca de sal marina y pimienta negra, y disponerlas en una sola capa en una fuente de horno grande. Asar 40 minutos o hasta que estén doradas y cocidas, y revolver hacia la mitad del tiempo de cocción. Mientras, pelar y picar las cebollas y el ajo, y ponerlos en una sartén grande antiadherente con 1 cucharada de aceite a fuego medio-bajo. Añadir los pimientos tras despepitarlos y cortarlos en tiras. Pochar 30 minutos o hasta que estén tiernos y dulces, removiendo de vez en cuando. Poco antes de que pase este tiempo, añadir 2 cucharadas de vinagre de vino tinto y sazonar al gusto.

Picar la mitad superior de los tallos de perejil con las hojas. Batir los huevos. Como es más fácil preparar las raciones de dos en dos, retirar la mitad del contenido de la sartén y reservarlo en un plato. Añadir la mitad de las patatas, la mitad del huevo batido y un cuarto del perejil. Mezclar bien todo sobre el fuego hasta que el huevo quede ligeramente revuelto. Emplatar enseguida agregando por encima la mitad del queso cottage, la mitad del Red Leicester y otro cuarto de perejil, y mientras los primeros afortunados comensales empiezan a comer, acabar las otras dos raciones.

ENERGÍA	GRASAS	GR. SAT	PROTEÍNAS	H. CARB.	AZÚCARES	SAL	FIBRA
489 kcal	21,7 g	5,9 g	19,2 g	58,5 g	14,1 g	1,1 g	8,5 g

PIMIENTOS ROJOS RELLENOS
AGUACATE Y QUESO FETA, POTAJE RÁPIDO DE ALUBIAS NEGRAS CON JAMÓN

4 RACIONES | 40 MINUTOS EN TOTAL

4 pimientos rojos pequeños

200 g de jamón ahumado en lonchas

1 cebolla

2 latas de judías alubias negras (400 g)

1 paquete de mezcla de cereales cocidos (250 g)

60 g de queso feta

1 aguacate maduro

2 limas

Precalentar el horno a 200 °C. Cortar una tapa en cada pimiento, extraer las semillas y poner las bases y las tapas directamente sobre la rejilla del horno para que se ablanden un poco. Mientras, picar el jamón y ponerlo en una sartén grande antiadherente a fuego medio con 1 cucharada de aceite de oliva, revolviendo a menudo. Pelar y picar la cebolla. Cuando el jamón esté crujiente, añadir la cebolla y freír 5 minutos, o hasta que se ablande, removiendo a menudo. Agregar 1 cucharada de vinagre de vino tinto y verter las alubias, incluido el líquido. Sacar los pimientos del horno y poner las bases en el potaje. Rellenarlas con los cereales y un poco de queso feta, y colocar las tapas dejándolos entreabiertos. Meter en el horno 20 minutos o hasta que los pimientos estén bien cocidos, y luego sazonar el potaje al gusto.

Partir los aguacates por la mitad, deshuesarlos, pelarlos y cortarlos en dados. Mezclarlos con el zumo de una lima y una pizca de condimento. Agregarlos sobre los pimientos cocidos, junto con el resto del queso feta desmenuzado. Servir con unos gajos de lima para exprimir por encima.

ENERGÍA	GRASAS	GR. SAT	PROTEÍNAS	H. CARB.	AZÚCARES	SAL	FIBRA
454 kcal	19 g	5,2 g	27,4 g	36,9 g	11,6 g	1,7 g	18,9 g

FAJITAS DE PIMIENTOS TOSTADOS

ALUBIAS BLANCAS, CEBOLLA ROJA, SALSA DE PIMIENTO AMARILLO Y ALMENDRAS

2 RACIONES | 35 MINUTOS EN TOTAL

3 pimientos de diferentes colores

1 lima

30 g de almendras ahumadas

2 cebollas rojas

1 lata de alubias cannellini (400 g)

4 tortillas mexicanas de maíz

2 cdas. de queso cottage

½ manojo de cilantro (15 g)

Poner a calentar una sartén grande antiadherente a fuego alto. Despepitar y picar el pimiento amarillo. Freírlo en la sartén a fuego suave 3 minutos y, mientras tanto, poner en una batidora el zumo de la lima, ½ cucharada de vinagre de vino tinto, la mitad de las almendras y 150 ml de agua. Agregar el pimiento amarillo tostado, sazonar y mezclar hasta conseguir una textura homogénea.

Cortar los pimientos restantes en aros de 1 cm, eliminar las semillas y ponerlos en la sartén caliente. Pelar las cebollas, cortarlas en rodajas de 1 cm, agregarlas a la sartén y freír todo 10 minutos, o hasta que los pimientos estén tiernos y dorados, revolviendo a menudo. Verter las alubias, incluido el líquido, seguido de la salsa de pimiento amarillo. Dejar que cueza y se reduzca 5 minutos o hasta que espese, y luego sazonar al gusto. Picar o triturar las almendras restantes. Calentar las tortillas y poner encima la mezcla de pimientos y alubias y el queso cottage. Terminar con unas hojas de cilantro troceadas y las almendras trituradas.

ENERGÍA	GRASAS	GR. SAT	PROTEÍNAS	H. CARB.	AZÚCARES	SAL	FIBRA
581 kcal	14,5 g	2 g	23,8 g	84,8 g	25,7 g	1 g	19,5 g

1 # SÁNDWICH DE LANGOSTINOS
CEBOLLETAS, JENGIBRE, SALSA DE SÉSAMO Y CHILE DULCE

2 # ALBÓNDIGAS DE LANGOSTINOS
DUMPLINGS FÁCILES, ESPÁRRAGOS, CHILE FRESCO Y CALDO

3 # KEBAB DE LANGOSTINOS CON AJO
PIMIENTOS ASADOS, PAN, QUESO FETA Y SALSA DE TOMATE RÁPIDA

4 # FIDEOS CON LANGOSTINOS ESPECIADOS
PAK CHOI, JENGIBRE, AJO, MERMELADA DE CHILE Y SEMILLAS DE SÉSAMO

5 # CURRY DE LANGOSTINOS FÁCIL
AJO, JENGIBRE, CHILE FRESCO Y UN SENCILLO PASTEL DE ARROZ

6 # LINGUINE CON LANGOSTINOS A LA CREMA
PANCETA AHUMADA, AJO, RÚCULA Y UN CHORRITO DE VINO TINTO

7 # POKÉ DE LANGOSTINOS
SALSA CREMOSA DE MENTA, CEREALES, MANGO Y AGUACATE

LANGOSTINOS

SÁNDWICH DE LANGOSTINOS

CEBOLLETAS, JENGIBRE, SALSA DE SÉSAMO Y CHILE DULCE

2 RACIONES | 20 MINUTOS EN TOTAL

2 cebolletas

160 g de langostinos crudos y pelados

un trozo de jengibre de 2 cm

½ cda. de salsa de soja baja en sal

1 huevo grande

4 rebanadas de pan blanco

2 cdas. de semillas de sésamo

1 cda. de salsa de chile dulce

En una tabla grande, limpiar las cebolletas y picarlas junto con la mayor parte de los langostinos (guardar cuatro para más tarde). Mezclar con el jengibre rallado, la soja y la yema de huevo, y reservar la clara. Repartir y extender la mezcla en dos rebanadas de pan y cubrir con las otras dos.

Calentar una sandwichera o bien una sartén antiadherente. Pincelar las dos caras de los sándwiches con la clara del huevo, pegar las semillas de sésamo, cortar por la mitad los langostinos restantes y colocarlos presionando sobre una de las caras de los sándwiches. Tostarlos en la sandwichera 3 minutos o bien ponerlos en la sartén con 1 cucharadita de aceite de oliva y un peso encima, y tostarlos 2½ minutos por cada lado, o hasta que se doren y el relleno esté bien hecho. Servirlos cortados y acompañados con salsa de chile dulce para mojar o, para mayor deleite, untar la salsa por encima.

ENERGÍA	GRASAS	GR. SAT	PROTEÍNAS	H. CARB.	AZÚCARES	SAL	FIBRA
366 kcal	11,2 g	2,4 g	25,1 g	40,6 g	7,2 g	1,8 g	2,7 g

ALBÓNDIGAS DE LANGOSTINOS
DUMPLINGS FÁCILES, ESPÁRRAGOS, CHILE FRESCO Y CALDO

2 RACIONES | 20 MINUTOS EN TOTAL

100 g de harina leudante

2 dientes de ajo

un trozo de jengibre de 4 cm

½ manojo de cilantro (15 g)

160 g de langostinos crudos y pelados

160 g de espárragos finos

500 ml de caldo de pollo

1 chile rojo fresco

Mezclar la harina con 50 ml de agua, una pizca de sal marina y 1 cucharada de aceite de oliva, y luego amasar hasta obtener una masa lisa (no trabajarla en exceso). Cubrir y reservar. En una tabla, pelar y picar el ajo. Pelar el jengibre y cortarlo en tiras muy finas. Picar los tallos de cilantro y reservar las hojas. Poner los langostinos encima, picar todo y mezclar hasta obtener una pasta con cierta textura. Dividirla en ocho partes y formar ocho albóndigas. Luego, dividir la masa de harina y formar ocho bolas para los dumplings. Partir los extremos leñosos de los espárragos y cortar cada espárrago en tres trozos.

Poner a hervir el caldo en una cazuela poco profunda. Echar los dumplings, tapar la cazuela y cocer a fuego suave 3 minutos. Añadir las albóndigas de langostinos y cocer a fuego suave 2 minutos, y luego los espárragos 1 minuto más. Sazonar el caldo al gusto. Espolvorearlo con la guindilla picada y las hojas de cilantro. Repartir en tazones calientes y rociar cada ración con 1 cucharadita de aceite de oliva virgen extra.

ENERGÍA	GRASAS	GR. SAT	PROTEÍNAS	H. CARB.	AZÚCARES	SAL	FIBRA
369 kcal	11,1 g	1,8 g	28 g	41,6 g	2,9 g	1,7 g	3,2 g

KEBAB DE LANGOSTINOS CON AJO

PIMIENTOS ASADOS, PAN, QUESO FETA Y SALSA DE TOMATE RÁPIDA

2 RACIONES | 25 MINUTOS EN TOTAL

75 g de pan de soda de buena calidad

160 g de langostinos crudos y pelados

½ frasco de pimientos rojos asados (230 g)

3 dientes de ajo

½ manojo de perejil de hoja plana (15 g)

1 limón

1 lata de tomates cherry (400 g)

20 g de queso feta

Precalentar el grill a temperatura alta. Cortar el pan en rebanadas de 1 cm de grosor y luego en trozos de 3 cm. Poner estos en un bol grande junto con los langostinos. Escurrir los pimientos, cortarlos a lo largo en tiras de 3 cm de grosor y añadirlos al bol. Pelar el ajo. Picar un diente y añadirlo al bol. Cortar en láminas los otros 2 y reservar. Picar el perejil, incluidos los tallos, y añadirlo a la mezcla. Añadir la cáscara rallada del limón y el zumo de medio limón, 1 cucharada de aceite de oliva y una pizca de pimienta negra, y mezclar bien. En dos brochetas, pinchar con cuidado los langostinos y el pan entrelazados con los pimientos, sin apretarlos demasiado. Colocar cada brocheta en una fuente de horno y asar bajo el grill de 6 a 8 minutos, darles la vuelta hacia la mitad del tiempo y vigilar que no se quemen!

Mientras tanto, poner una sartén antiadherente a fuego medio con ½ cucharada de aceite de oliva y el ajo cortado en láminas. Remover a menudo durante 2 minutos o hasta que esté ligeramente dorado. Agregar los tomates en conserva para que cuezan mientras se hacen las brochetas y aplastar algunos con la parte posterior de la cuchara. Añadir un poco de zumo de limón y sazonar la salsa al gusto. Servir las brochetas sobre la salsa, con el queso feta y la pimienta negra por encima, y terminar con una cucharadita de aceite de oliva virgen extra.

ENERGÍA	GRASAS	GR. SAT	PROTEÍNAS	H. CARB.	AZÚCARES	SAL	FIBRA
354 kcal	16 g	3,6 g	22,9 g	29,4 g	11,6 g	1,1 g	3,8 g

FIDEOS CON LANGOSTINOS ESPECIADOS

PAK CHOI, JENGIBRE, AJO, MERMELADA DE CHILE Y SEMILLAS DE SÉSAMO

1 RACIÓN | 10 MINUTOS EN TOTAL

1 pak choi

1 diente de ajo

un trozo de jengibre de 2 cm

75 g de fideos finos de huevo

80 g de langostinos crudos y pelados

1 cdta. colmada de semillas de sésamo

1 cdta. colmada de mermelada de chile

2 cdtas. de salsa de soja baja en sal

Cortar los tallos del pak choi en tiras finas y reservar las hojas. Dorar los tallos a fuego medio-alto en una sartén antiadherente sin aceite. Mientras tanto, pelar y picar el ajo y luego pelar y rallar el jengibre. Cocer los fideos en una olla con agua hirviendo según las instrucciones del paquete y agregar las hojas de pak choi en los últimos 10 segundos. A la vez, saltear el ajo, el jengibre, los langostinos, las semillas de sésamo, la mermelada de chile y 1 cucharada de aceite de oliva en la sartén con el pak choi dorado.

Verter la soja en un tazón. Cuando los langostinos adquieran un tono rosado, agregar al tazón todo el contenido de la sartén y, con unas pinzas, transferir los fideos y las hojas de pak choi junto con un poco del agua de cocerlos. Revolver y mezclar todo bien, probar y rectificar la sazón si es necesario, y devorar enseguida.

ENERGÍA	GRASAS	GR. SAT	PROTEÍNAS	H. CARB.	AZÚCARES	SAL	FIBRA
600 kcal	24,1 g	4,3 g	28 g	67,4 g	9,4 g	1,7 g	2,5 g

CURRY DE LANGOSTINOS FÁCIL

AJO, JENGIBRE, CHILE FRESCO Y UN SENCILLO PASTEL DE ARROZ

4 RACIONES | 20 MINUTOS EN TOTAL

1 taza de arroz basmati (300 g)

4 dientes de ajo

1 chile rojo fresco

un trozo de jengibre de 4 cm

1 manojo de cebolletas

2 cdas. de chutney de mango

320 g de langostinos crudos y pelados

150 g de yogur natural

Poner 1 taza de arroz y 2 tazas de agua hirviendo (600 ml) en una cazuela antiadherente mediana con una pizca de sal marina. Dejar que borbotee 10 minutos y luego cocinar a fuego suave 5 minutos. Pasado este tiempo, podrá convertirse en un pastel de arroz.

Mientras tanto, pelar el ajo y cortarlo en rodajas finas junto con el chile. Pelar el jengibre y cortarlo en tiras finas. Limpiar las cebolletas y cortarlas en trozos de 2 cm. Poner todo a fuego fuerte en una sartén grande antiadherente con 1 cucharada de aceite de oliva y saltear 3 minutos; luego, agregar el chutney de mango. Con cuidado, verter la mitad de la mezcla en una batidora y volver a colocar la sartén en el fuego para saltear los langostinos. Agregar ½ taza de agua (150 ml) a la batidora, triturar hasta conseguir una mezcla homogénea y verter en la sartén de los langostinos. Dejar que la salsa hierva y se espese un poco durante 3 minutos. Luego, fuera del fuego, añadir el yogur sin apenas mezclarlo. Servir el curry sobre el pastel de arroz.

ENERGÍA	GRASAS	GR. SAT.	PROTEÍNAS	H. CARB.	AZÚCARES	SAL	FIBRA
385 kcal	2,7 g	1,3 g	22,1 g	72,2 g	8,1 g	1,4 g	0,9 g

LINGUINE CON LANGOSTINOS A LA CREMA

PANCETA AHUMADA, AJO, RÚCULA Y UN CHORRITO DE VINO TINTO

2 RACIONES | 15 MINUTOS EN TOTAL

150 g de pasta seca tipo linguine	50 ml de vino tinto italiano
2 dientes de ajo	1 cda. colmada de queso mascarpone
160 g de langostinos crudos y pelados	50 g de rúcula
4 lonchas de panceta ahumada	10 g de queso parmesano

Cocer la pasta en una olla con agua hirviendo según las instrucciones del paquete. Mientras, pelar y picar el ajo. Hacer un corte en el dorso de 2 langostinos para cocinarlos en forma de mariposa y picar finamente el resto.

Poner una sartén grande antiadherente a fuego medio. Cortar en tiras finas la panceta y freírla en la sartén con 1 cucharada de aceite de oliva hasta que esté ligeramente dorada. Agregar el ajo y los 2 langostinos enteros y freír 2 minutos; luego, verter el vino y dejar que se reduzca. Incorporar los langostinos picados y el mascarpone mezclando 1 minuto, y después, con unas pinzas, transferir la pasta con un poco de agua de la cocción. Trocear la rúcula, añadir la mayor parte a la sartén y revolver todo sobre el fuego hasta obtener una salsa sedosa. Sazonar al gusto de manera sutil con parmesano y pimienta negra. Servir con la rúcula restante y un poco más de parmesano rallado por encima si se desea.

ENERGÍA	GRASAS	GR. SAT	PROTEÍNAS	H. CARB.	AZÚCARES	SAL	FIBRA
514 kcal	19,1 g	7,5 g	28,3 g	56,3 g	3,2 g	0,9 g	2,6 g

POKÉ DE LANGOSTINOS

SALSA CREMOSA DE MENTA, CEREALES, MANGO Y AGUACATE

2 RACIONES | 20 MINUTOS EN TOTAL

½ manojo de menta (15 g)

6 cdas. de queso cottage

150 gr de langostinos cocidos y pelados.

1 paquete de mezcla de cereales cocidos (250 g)

½ aguacate pequeño maduro

1 zanahoria

1 mango pequeño maduro

100 g de rabanitos

Este es un trabajo de composición y en eso reside la gracia del plato. Para empezar, poner en una batidora la mitad superior de casi toda la menta, hojas incluidas, (reservar unas cuantas hojas bonitas). Añadir 4 cucharadas de queso cottage, ½ cucharada de aceite de oliva virgen extra y un chorrito de agua. Triturar hasta obtener una salsa fina, sazonar al gusto y mezclar con los langostinos.

Calentar los cereales según las instrucciones del paquete, aliñarlos con un poco de vinagre de vino tinto y ½ cucharada de aceite, y repartirlos en platos hondos. Pelar el aguacate, cortarlo en rodajas y repartir estas en los platos en forma de abanico. Cortar la zanahoria en cintas con un pelador de verduras; deshuesar el mango, pelarlo y cortarlo en dados; cortar los rabanitos en láminas y repartir todo. Colocar encima los langostinos recubiertos con la salsa, agregar sobre estos el queso cottage restante y decorar con las hojas de menta reservadas. Terminar con un chorrito de aceite de oliva virgen extra y luego mezclar y condimentar al gusto.

ENERGÍA	GRASAS	GR. SAT	PROTEÍNAS	H. CARB.	AZÚCARES	SAL	FIBRA
484 kcal	18,7 g	5,1 g	26,9 g	51,1 g	13,2 g	1,3 g	5,8 g

1 HAMBURGUESAS DE PESCADO
EGLEFINO AHUMADO, SALSA CREMOSA DE CEBOLLINO Y CEBOLLA, LIMÓN

2 PASTEL DE PESCADO CON PARMESANO
PUERROS DULCES, SALVIA CRUJIENTE, AJO, MOSTAZA Y ALUBIAS MANTECA

3 PESCADO ENVUELTO EN ESPAGUETIS
PESTO DE TOMATES SECOS, ESPINACAS, CRÈME FRAÎCHE Y BEICON

4 MI CURRY DE PESCADO AL ESTILO ETÍOPE
MEZCLA BERBERE, CEBOLLA CON TOMATE, PAN PLANO RÁPIDO Y ESPINACAS

5 «FISH AND CHIPS» AL HORNO
BEICON PICADO, PURÉ DE GUISANTES Y SALSA DE MENTA RÁPIDA

6 PASTA CON PESCADO A LA SICILIANA
AJO, ALCAPARRAS, ACEITUNAS, CALABACÍN Y LIMÓN

7 TAJINE DE PESCADO SUPERRÁPIDO
TOMATES CHERRY, HARISSA, ESPÁRRAGOS Y CUSCÚS ESPONJOSO

FILETE DE PESCADO BLANCO

HAMBURGUESAS DE PESCADO

EGLEFINO AHUMADO, SALSA CREMOSA DE CEBOLLINO Y CEBOLLA, Y LIMÓN

4 RACIONES | 45 MINUTOS EN TOTAL

1 kg de patatas

1 cebolla

1 cda. colmada de harina

600 ml de leche semidesnatada

280 g de eglefino ahumado sin espinas

2 manojos de cebollino (40 g)

1 huevo grande

1 limón

Pelar las patatas, cortarlas en trozos de tamaño similar y cocerlas en una olla grande con agua salada hirviendo 15 minutos, o hasta que estén blandas. Mientras, pelar y picar la cebolla y freírla en una cazuela mediana a fuego medio-bajo con 1 cucharada de aceite de oliva 10 minutos, o hasta que esté tierna, removiendo a menudo. Agregar la harina y, poco a poco, la leche, sin dejar de remover hasta que espese. Escaldar en la salsa el eglefino ahumado 5 minutos manteniendo la cazuela tapada. Sacar el pescado, retirarle la piel y reservarlo. Picar el cebollino y poner una cuarta parte en una batidora, agregar la salsa y triturar (por tandas si es necesario) hasta lograr una textura sedosa. Devolver a la cazuela y cocer a fuego suave hasta obtener la consistencia deseada.

Escurrir las patatas y triturarlas bien. Batir el huevo e incorporarlo al puré junto con la mayor parte del cebollino restante y una pizca de sal marina y pimienta negra. Añadir el pescado escalfado desmenuzado, mezclar bien, dividir en ocho porciones y moldearlas como hamburguesas. Freírlas con 1 cucharada de aceite en una sartén antiadherente de 30 cm a fuego medio 5 minutos por cada lado o hasta que estén doradas y bien hechas por dentro. Sazonar la salsa al gusto, repartirla en los platos y colocar las hamburguesas encima. Espolvorear con las cebolletas restantes, rociar con ½ cucharada de aceite de oliva virgen extra y servir con gajos de limón para exprimir por encima.

ENERGÍA	GRASAS	GR. SAT	PROTEÍNAS	H. CARB.	AZÚCARES	SAL	FIBRA
443 kcal	11,7 g	3,1 g	26,6 g	61,9 g	11,5 g	1,2 g	4,4 g

PASTEL DE PESCADO CON PARMESANO

PUERROS DULCES, SALVIA CRUJIENTE, AJO, MOSTAZA Y ALUBIAS MANTECA

4 RACIONES | 35 MINUTOS EN TOTAL

2 puerros

½ manojo de salvia (10 g)

4 dientes de ajo

1 cdta. de mostaza de grano

1 frasco de alubias blancas
    manteca (700 g)

150 g de crème fraîche semigrasa

4 filetes de pescado blanco sin piel
    y sin espinas (600 g)

25 g de queso parmesano

Precalentar el horno a 200 °C. Limpiar los puerros, cortarlos por la mitad a lo largo para lavarlos y luego en rodajas de 1 cm. Poner una cacerola de 30 cm a fuego medio-bajo con 2 cucharadas de aceite de oliva. Separar las hojas de la salvia y añadirlas. Cuando estén crujientes, retirarlas y reservarlas en un plato, y dejar el aceite infusionado en la sartén. Añadir los puerros, los dientes de ajo pelados y cortados en láminas, y un chorrito de agua. Cocinar 10 minutos o hasta que estén tiernos, revolviendo de vez en cuando. Incorporar la mostaza, seguida de las alubias (incluido el líquido), la crème fraîche y la salvia crujiente. Mezclar bien y sazonar al gusto. Poner el pescado sobre las alubias, calentar en la placa hasta que borbotee y luego rallar el parmesano por encima. Meter la cazuela en el horno 10 minutos, o hasta que el pastel esté dorado y el pescado hecho.

ENERGÍA	GRASAS	GR. SAT	PROTEÍNAS	H. CARB.	AZÚCARES	SAL	FIBRA
354 kcal	15,9 g	6,4 g	30 g	22,8 g	3,8 g	0,4 g	6 g

PESCADO ENVUELTO EN ESPAGUETIS

PESTO DE TOMATES SECADOS AL SOL, ESPINACAS, CRÈME FRAÎCHE Y BEICON

2 RACIONES | 25 MINUTOS EN TOTAL

60 g de espaguetis secos

2 filetes de pescado blanco con piel,
    sin escamas y sin espinas (125 g)

1 cda. de pesto de tomates secos

2 ramitas de romero

2 lonchas de beicon ahumado

4 cebolletas

200 g de espinacas baby

2 cdtas. de crème fraîche semigrasa

Precalentar el grill a temperatura alta. Cocer los espaguetis en una olla con agua salada hirviendo según las instrucciones del paquete y luego escurrirlos y pasarlos por agua fría para que se enfríen. Sazonar el pescado con sal marina y pimienta negra, y untarlo con el pesto. Dividir los espaguetis en dos y envolver los filetes haciendo un nudo. Poner en una fuente de horno engrasada, pasar las ramitas de romero por el aceite de la fuente para impregnarlas, e introducirlas en el atado de espaguetis. Cocinar bajo el grill 10 minutos o hasta que se doren y el pescado esté cocido por dentro.

Mientras tanto, cortar el beicon en tiras finas y freírlo en una sartén grande antiadherente a fuego medio hasta que esté crujiente. Limpiar las cebolletas y cortarlas en rodajas de 1 cm. Retirar el beicon de la sartén manteniendo esta en el fuego y añadir las cebolletas y 1 cucharada de aceite de oliva. Freír removiendo 2 minutos y luego añadir las espinacas y revolver hasta que se ablanden. Repartirlas en los platos junto al pescado envuelto en espaguetis, con la crème fraîche y el beicon crujiente por encima. Rociar con 1 cucharadita de aceite de oliva virgen extra y terminar con una pizca de pimienta negra.

ENERGÍA	GRASAS	GR. SAT	PROTEÍNAS	H. CARB.	AZÚCARES	SAL	FIBRA
342 kcal	14,3 g	3,3 g	31,2 g	23,6 g	1,8 g	1,8 g	2,2 g

MI CURRY DE PESCADO AL ESTILO ETÍOPE

MEZCLA BERBERE, CEBOLLA CON TOMATE, PAN PLANO RÁPIDO Y ESPINACAS

2 RACIONES | 20 MINUTOS EN TOTAL

1 limón

150 g de harina leudante

2 dientes de ajo

2 cdas. de mermelada de cebolla

2 cdtas. de mezcla de especias berbere

1 lata de tomates cherry (400 g)

2 filetes de pescado blanco sin piel
ni espinas (300 g)

50 g de espinacas baby

Con un pelador de verduras, cortar la cáscara de limón en tiras y reservar. Para el pan plano, poner la harina en un bol con una pizca de sal, añadir 300 ml de agua fría y batir. Agregar el zumo de medio limón y batir hasta obtener una textura lisa. Poner una sartén antiadherente a fuego medio-alto con 1 cucharada de aceite de oliva. Añadir el ajo pelado y cortado en láminas junto con la cáscara de limón y remover 2 minutos, hasta que se doren un poco. Agregar la mermelada de cebolla y las especias, y dejar que la mezcla hierva 1 minuto y se espese. Verter los tomates y romperlos con una cuchara. Agregar los filetes de pescado, cubrirlos con la salsa y cocer a fuego suave 10 minutos. Desmenuzar el pescado y mezclar.

Poner una sartén antiadherente de 20 cm a fuego medio-alto, añadir una cucharada de la masa de harina y mover la sartén para extenderla por todas partes, virtiendo en un bol la masa sobrante. Cocinar 2 minutos solo por una cara, hasta que se formen burbujas y el pan se despegue de las paredes. Retirarlo con una espátula y dejar enfriar la sartén un poco entre un pan y el siguiente. Repetir lo mismo, manteniendo los panes calientes dentro de un paño de cocina. Mezclar las espinacas con un poco de zumo de limón y 1 cucharadita de aceite de oliva virgen extra. Rociar el curry con un chorrito de zumo de limón y 1 cucharadita de aceite, y sazonar al gusto. Servir con las espinacas y los panes planos.

ENERGÍA	GRASAS	GR. SAT.	PROTEÍNAS	H. CARB.	AZÚCARES	SAL	FIBRA
509 kcal	9,3 g	1,3 g	37,6 g	73,4 g	16,3 g	1,6 g	4,7 g

«FISH AND CHIPS» AL HORNO

BEICON PICADO, PURÉ DE GUISANTES Y SALSA DE MENTA RÁPIDA

4 RACIONES | 45 MINUTOS EN TOTAL

800 g de patatas

1 loncha de beicon ahumado

100 g de pan duro

50 g de harina

1 huevo grande

4 filetes de pescado blanco con piel,
sin escamas y sin espinas (500 g)

500 g de guisantes congelados

1 manojo de menta (30 g)

Precalentar el horno a 220 °C. Lavar las patatas y cortarlas a lo largo en trozos de 2 cm. Mezclarlas con 1 cucharada de aceite de oliva y una pizca de sal marina y pimienta negra, y disponerlas en una sola capa en una bandeja grande de horno. Asar 40 minutos o hasta que estén doradas y hechas por dentro, removiéndolas hacia la mitad del tiempo. Mientras, cortar el beicon y ponerlo en un procesador de alimentos, junto con el pan troceado y 1 cucharada de aceite, y triturar hasta obtener unas migas finas. Verterlas en un plato. Poner la harina en un segundo plato y batir el huevo en otro. Uno por uno, rebozar los filetes de pescado con la harina, luego el huevo, dejando que gotee lo que sobre, y al final las migas de pan y beicon. Alinear el pescado en una fuente de horno y asar 15 minutos, o hasta que estén dorados.

Cocer los guisantes en una olla con agua salada hirviendo, escurrirlos y triturarlos. Poner las hojas de la menta en un mortero y machacarlas hasta formar una pasta; mezclarlas con 1 cucharada de vinagre de vino tinto y 1 cucharada de aceite de oliva virgen extra, y sazonar al gusto. Servir el pescado con las patatas, los guisantes y la salsa de menta por encima.

ENERGÍA	GRASAS	GR. SAT.	PROTEÍNAS	H. CARB.	AZÚCARES	SAL	FIBRA
555 kcal	14,7 g	2,4 g	39,1 g	69,5 g	9,1 g	1,1 g	10,2 g

PASTA CON PESCADO A LA SICILIANA

AJO, ALCAPARRAS, ACEITUNAS, CALABACÍN Y LIMÓN

2 RACIONES | **15 MINUTOS EN TOTAL**

250 g de láminas de lasaña fresca

1 calabacín

2 dientes de ajo

½ manojo de perejil de hoja
    plana (15 g)

6 aceitunas verdes

2 filetes de pescado blanco sin piel
    y sin espinas (300 g)

1 cdta. colmada de alcaparras

2 limones

Primero, preparar los ingredientes. Poner apiladas las láminas de lasaña y, con un cuchillo grande y afilado, cortarlas con cuidado en tiras muy finas. Cortar el calabacín en juliana o rallarlo de forma gruesa. Pelar el ajo y picarlo finamente junto con el perejil, incluidos los tallos. Deshuesar las aceitunas, aplastarlas y luego trocearlas. Cortar el pescado en trozos de 1 cm.

Poner a fuego fuerte una sartén grande antiadherente con 1 cucharada de aceite de oliva. Freír el ajo con el perejil, las aceitunas y las alcaparras, revolviendo a menudo, hasta que el ajo esté ligeramente dorado. Añadir el pescado y el calabacín, y cocinar 3 minutos. A la vez, cocer la pasta en agua salada hirviendo 3 minutos y luego, con unas pinzas, transferirla directamente a la sartén junto con el de agua de la cocción que la acompañe. Mezclar sobre el fuego solo 30 segundos, exprimir por encima el limón, sazonar con pimienta negra, rociar con 1 cucharada de aceite de oliva virgen extra y servir enseguida.

ENERGÍA	GRASAS	GR. SAT	PROTEÍNAS	H. CARB.	AZÚCARES	SAL	FIBRA
416 kcal	16,3 g	4,3 g	23,6 g	44,4 g	4,2 g	0,5 g	1 g

TAJINE DE PESCADO SUPERRÁPIDO

TOMATES CHERRY, HARISSA, ESPÁRRAGOS Y CUSCÚS ESPONJOSO

2 RACIONES | 15 MINUTOS EN TOTAL

150 g de cuscús

4 dientes de ajo

250 g de tomates cherry maduros
de diferentes colores

250 g de espárragos

2 cdtas. colmadas de harissa rosa

2 filetes de pescado blanco sin piel
y sin espinas (150 g)

1 limón

2 cdas. de yogur natural

Poner el cuscús en un bol, añadir una pizca de sal marina y pimienta negra, cubrirlo con agua hirviendo y tapar. Pelar y picar el ajo, y freírlo en una cazuela poco profunda a fuego medio-alto con 1 cucharada de aceite de oliva, revolviendo mientras se van añadiendo los tomates cherry cortados por la mitad. Partir los extremos leñosos de los espárragos, trocear el resto y agregar a la sartén, y luego sazonar con sal y pimienta. Recubrir el pescado con la mayor parte de la harissa, colocarlo sobre las verduras, rallar por encima la cáscara del limón y añadir el zumo de medio limón. Agregar 150 ml de agua, tapar y cocer 5 minutos, o hasta que el pescado esté bien hecho.

Esponjar el cuscús. Mezclar ligeramente el yogur con la harissa restante y, con una cuchara, añadir un poco sobre el pescado y sobre el cuscús. Servir con gajos de limón para exprimir por encima.

ENERGÍA	GRASAS	GR. SAT	PROTEÍNAS	H. CARB.	AZÚCARES	SAL	FIBRA
560 kcal	13,4 g	2,2 g	43,5 g	70,2 g	10,9 g	1,5 g	4,9 g

1 POLLO AL HORNO CON SÉSAMO
ENSALADA DE HORTALIZAS CON TOFU Y KIMCHI, ARROZ BASMATI

2 POLLO ASADO AL ESTILO RÚSTICO
SETAS CON AJO Y BEICON, ESPINACAS Y LENTEJAS CON CRÈME FRAÎCHE

3 POLLO MARGARITA AL HORNO
ÑOQUIS GIGANTES RELLENOS, TOMATES, AJO Y RÚCULA

4 MI POLLO AL PIRI PIRI
AJO, PIMENTÓN AHUMADO, HARISSA, MENTA Y PATATAS

5 POLLO ASADO CON SALCHICHAS
PATATAS, CHIRIVÍA, PUERRO Y SALVIA AL HORNO, PERA Y BERROS

6 POLLO ASADO AL ESTILO HOISIN
CREPES AL VAPOR, CRUDITÉS Y SALSA PARA MOJAR

7 POLLO AL HORNO CON HARISSA
BONIATOS ASADOS Y UNOS INCREÍBLES PANES PLANOS DE GARBANZO

POLLO
ENTERO

POLLO AL HORNO CON SÉSAMO

ENSALADA DE HORTALIZAS CON TOFU Y KIMCHI, ARROZ BASMATI

6 RACIONES | 1 HORA Y 30 MINUTOS EN TOTAL

300 g de kimchi

un trozo de jengibre de 4 cm

1 pollo entero (1,5 kg)

2 cdas. de miel fluida

300 g de tofu sedoso

60 g de semillas de sésamo

1 taza de arroz basmati (300 g)

2 paquetes de mezcla de hortalizas
salteadas (640 g)

Precalentar el horno a 180 °C. En una batidora, triturar el kimchi, el jengibre pelado, 1 cucharada de vinagre, 1 cucharada aceite de oliva y 100 ml de agua hasta obtener una textura muy fina. En una bandeja de horno, untar el pollo con un tercio de este aderezo incluyendo todos los rincones y pliegues. Agregar 150 ml de agua y asar 1 hora y 20 minutos, o hasta que el pollo esté dorado y hecho por dentro. Hacia la mitad del tiempo, añadir otros 150 ml de agua, regar el pollo con los jugos y desglasar lo que se haya pegado. En un bol, mezclar la miel con otro tercio del aderezo y reservar. Escurrir el tofu y mezclarlo con el resto del aderezo en la batidora. Tostar las semillas de sésamo en una sartén antiadherente y reservarlas.

En los últimos 10 minutos, poner 1 taza de arroz, 2 tazas de agua hirviendo (600 ml) y una pizca de sal marina en una olla mediana. Tapar y cocer a fuego medio 12 minutos, o hasta que toda el agua se haya absorbido. Sacar el pollo del horno, levantarlo con unas pinzas y deslizar debajo una rejilla para que quede por encima de la bandeja. Recubrirlo con la mezcla de miel y las semillas de sésamo. Transferir el arroz y el pollo a una fuente de servir, y agregar 1 cucharada de vinagre a la bandeja de horno. Añadir a esta las hortalizas y mezclarlas con la mitad de la salsa de tofu. Servir el resto de la salsa en un cuenco rociada con 1 cucharadita de aceite de oliva virgen extra.

ENERGÍA	GRASAS	GR. SAT	PROTEÍNAS	H. CARB.	AZÚCARES	SAL	FIBRA
641 kcal	28,2 g	6,3 g	44,5 g	54,6 g	9,1 g	1,3 g	4,4 g

POLLO ASADO AL ESTILO RÚSTICO
SETAS CON AJO Y BEICON, ESPINACAS Y LENTEJAS CON CRÈME FRAÎCHE

6 RACIONES | 1 HORA Y 30 MINUTOS EN TOTAL

1 pollo entero (1,5 kg)	250 g de espinacas baby
1 cabeza de ajos	2 latas de lentejas verdes (800 g)
3 lonchas de beicon ahumado	100 g de crème fraîche semigrasa
650 g de setas variadas	½ manojo de estragón (10 g)

Precalentar el horno a 180 °C. Colocar el pollo y la cabeza de ajos en una bandeja de horno grande, espolvorear con una pizca de sal marina y pimienta negra, rociar con 1 cucharada de vinagre de vino tinto y 1 cucharada aceite de oliva, y frotar el pollo por todas partes. Asar 1 hora.

Sacar la bandeja del horno y, con unas pinzas, transferir el pollo a un plato y poner el beicon sobre las pechugas. Con un prensador de patatas, aplastar los ajos para retirar la piel; añadir las setas tras trocear las más grandes. Meter de nuevo la bandeja en el horno. Colocar el pollo directamente en la rejilla por encima de la bandeja y asarlo otros 20 minutos, o hasta que esté dorado por todas partes y hecho por dentro.

Con una cuchara ranurada, transferir los champiñones con ajo a una fuente de servir y colocar el pollo encima para que repose. Poner la bandeja de horno con los jugos sobre la placa a fuego alto, añadir las espinacas y luego las lentejas escurridas. Remover hasta que las espinacas se ablanden. Después, fuera del fuego, agregar la crème fraîche sin mezclar apenas y sazonar al gusto. Esparcir las hojas de estragón sobre el pollo y servir todo junto.

ENERGÍA	GRASAS	GR. SAT	PROTEÍNAS	H. CARB.	AZÚCARES	SAL	FIBRA
419 kcal	22 g	7 g	42,3 g	13,1 g	1,5 g	0,8 g	6,2 g

POLLO MARGARITA AL HORNO
ÑOQUIS GIGANTES RELLENOS, TOMATES, AJO Y RÚCULA

6 RACIONES | 1 HORA Y 40 MINUTOS EN TOTAL

1,5 kg de patatas harinosas

1,5 kg de tomates maduros

2 cabezas de ajo

1 manojo de albahaca (30 g)

1 pollo entero (1,5 kg)

50 g de harina

una bola de mozzarella ahumada (200 g)

60 g de rúcula

Precalentar el horno a 180 °C. Pelar las patatas, cortarlas en trozos de tamaño similar y cocerlas en una olla grande con agua salada hirviendo 15 minutos, o hasta que estén tiernas. Cortar los tomates por la mitad y ponerlos en una bandeja grande de horno. Romper los dientes de ajo sin pelarlos. Reservar algunas hojas de albahaca para más tarde, introducir el resto del manojo en el pollo y colocar este en la bandeja. Sazonarlo con sal marina y pimienta negra, rociarlo con 2 cucharadas de vinagre y 2 de aceite de oliva, y frotarlo bien para ayudar a que penetre el sabor. Poner el pollo directamente sobre la rejilla del horno con la bandeja de tomates debajo. Asar 1 hora y 20 minutos, o hasta que esté dorado y hecho por dentro.

Mientras tanto, escurrir las patatas y dejar que pierdan la humedad, machacarlas, sazonarlas y mezclarlas con la harina. Cuando se enfríen lo bastante como para manipularlas, moldear 12 bolas. Cortar la mozzarella en 12 trozos, introducir un trozo en cada bola y sellar los ñoquis. Disponerlos en una fuente de horno engrasada de 25 × 35 cm y asar en la base del horno 1 hora, o hasta que estén dorados. Retirar el pollo y dejarlo reposar en la bandeja de los tomates. Aplastar algunos ajos para pelarlos, y mezclarlos con los jugos de la bandeja. Esparcir por encima las hojas de albahaca reservadas y servir con los ñoquis gigantes y la rúcula, y rociar todo con la salsa de ajo. Una delicia.

ENERGÍA	GRASAS	GR. SAT	PROTEÍNAS	H. CARB.	AZÚCARES	SAL	FIBRA
714 kcal	27,5 g	9,1 g	46,5 g	66,1 g	10,3 g	1,1 g	8,6 g

MI POLLO AL PIRI PIRI

AJO, PIMENTÓN AHUMADO, HARISSA, MENTA Y PATATAS

6 RACIONES | 1 HORA Y 30 MINUTOS EN TOTAL

2 cebollas

10 chiles frescos de varios colores

1 cabeza de ajos

2 cdas. de harissa rosa

1 cdta. colmada de pimentón ahumado

1 pollo entero (1,5 kg)

1,2 kg de patatas

4 ramitas de menta

Precalentar el horno a 180 °C. Pelar las cebollas, cortarlas en cuartos y ponerlas en una bandeja de horno. Agregar los chiles tras pincharlos, la cabeza de ajos cortada por la mitad, la harissa, el pimentón, una pizca de sal marina y pimienta negra, 2 cucharadas de vinagre de vino tinto y 1 de aceite de oliva. Con un cuchillo grande y afilado, cortar el pollo por la espalda para abrirlo y dejarlo plano. Añadirlo a la bandeja y recubrirlo y frotarlo con los condimentos. Poner el pollo, con la pechuga hacia arriba, directamente en la rejilla superior del horno con la bandeja de cebollas debajo. Asar 1 h hasta que el pollo esté dorado y hecho por dentro. Limpiar las patatas, cortarlas a lo largo en trozos grandes, rociarlas con 1 cucharada de aceite y una pizca de sal y pimienta, y disponerlas en una sola capa en una bandeja de horno grande debajo de las cebollas.

A los 30 minutos, sacar la bandeja de las cebollas y regar el pollo con los jugos de la bandeja. Revolver las patatas y colocarlas debajo del pollo los 30 minutos restantes. Para la salsa, abrir los chiles y retirar las semillas, pelar la mitad de los ajos y triturar todo en la batidora junto con las cebollas y los sabrosos jugos de la bandeja, la mitad de las hojas de menta y 1 cucharada de vinagre de vino tinto, hasta obtener una textura fina; agregar un chorrito de agua, si es necesario, y sazonar al gusto. Servir el pollo con las patatas, la salsa piri piri, el ajo asado y el resto de las hojas de menta por encima.

ENERGÍA	GRASAS	GR. SAT	PROTEÍNAS	H. CARB.	AZÚCARES	SAL	FIBRA
501 kcal	20,9 g	4,9 g	38,4 g	42,2 g	6,4 g	0,8 g	4,3 g

POLLO ASADO CON SALCHICHAS

PATATAS, CHIRIVÍA, PUERRO Y SALVIA AL HORNO, PERA Y BERROS

6 RACIONES | 1 HORA Y 45 MINUTOS EN TOTAL

1,2 kg de patatas	3 salchichas de Cumberland
2 chirivías	1 pollo entero (1,5 kg)
2 puerros	1 pera
½ puñado de salvia (10 g)	85 g de berros

Precalentar el horno a 180 °C. Limpiar las patatas, las chirivías y los puerros, y cortarlos en rodajas finas. Colocar todo en una fuente de horno de 30 × 40 cm, y mezclar con 2 cucharadas de aceite de oliva, una pizca de sal marina y pimienta negra, y las hojas de la salvia, y reservar los tallos y algunas hojas para después. Presionar las salchichas para extraer la carne y luego compactarla. Levantar la piel en la punta de las pechugas, separarla suavemente de la carne con una espátula y rellenar cada lado con la mitad de la carne de la salchicha; alisarla a medida que se introduce. Fijar la piel con un palillo. Frotar bien el pollo por todas partes con una pizca de sal y pimienta y 1 cucharada de aceite. Introducir los tallos de salvia en la cavidad del pollo. Poner el pollo directamente en la rejilla del horno con la bandeja de hortalizas debajo y asar durante 1 hora y 20 minutos, o hasta que todo esté dorado y bien hecho.

En los últimos 10 minutos, esparcir las hojas de salvia reservadas sobre la bandeja de hortalizas, para que queden crujientes. Cortar la pera en rodajas finísimas o rallarla de manera gruesa y mezclarla con el berro. Colocar el pollo sobre las hortalizas y servir todo junto.

ENERGÍA	GRASAS	GR. SAT	PROTEÍNAS	H. CARB.	AZÚCARES	SAL	FIBRA
608 kcal	28,6 g	7,4 g	43,7 g	46,6 g	8,2 g	1,4 g	6,9 g

POLLO ASADO AL ESTILO HOISIN

CREPES AL VAPOR, CRUDITÉS Y SALSA PARA MOJAR

6 RACIONES | 1 HORA Y 30 MINUTOS EN TOTAL

1 pollo entero (1,5 kg)

8 cdas. de salsa hoisin

1 clementina

4 chiles frescos de diferentes colores

1 manojo de cebolletas

1 pepino

1 cestita de germinados de berro

30 crepes chinas

Precalentar el horno a 180 °C. Poner el pollo en una fuente de horno de tamaño justo. Levantar la punta de las pechugas y, con una espátula, separarla con suavidad de la carne. Verter 2 cucharadas de salsa hoisin en cada lado, alisar la piel, y fijarla con un palillo. Frotar todo el pollo con un poco de sal marina, pimienta negra y 1 cucharada de aceite de oliva. Partir por la mitad la clementina y 1 chile, picar 5 cm de los tallos verdes de las cebolletas e introducir todo en la cavidad del pollo. Asar 1 hora y 20 minutos, o hasta que el pollo esté dorado y bien hecho.

Mientras, para la guarnición, limpiar las cebolletas restantes y cortarlas a lo largo en tiras finas junto con los chiles restantes. Poner en un recipiente con agua fría para que se ricen. Cortar el pepino en juliana y recortar los germinados. Cocer al vapor las crepes según las instrucciones del paquete (o bien, si te sientes aventurero y quieres hacerlas en casa, consulta la receta en jamieoliver.com/chinesepancakes). Poner el pollo en una fuente de servir y, para la salsa, mezclar los deliciosos jugos del asado con la salsa hoisin restante. Acompañar con las crepes y las crudités, y que cada uno se sirva.

ENERGÍA	GRASAS	GR. SAT	PROTEÍNAS	H. CARB.	AZÚCARES	SAL	FIBRA
475 kcal	20,6 g	4,8 g	38,7 g	33 g	4,3 g	0,6 g	2,4 g

POLLO AL HORNO CON HARISSA

BONIATOS ASADOS Y UNOS INCREÍBLES PANES PLANOS DE GARBANZO

6 RACIONES | 1 HORA Y 40 MINUTOS EN TOTAL

1 pollo entero (1,5 kg)

6 boniatos (1,5 kg en total)

4 cdas. de harissa rosa

1 manojo de menta (30 g)

1 lata de garbanzos (400 g)

250 g de harina integral leudante
    y un poco más para espolvorear

½ col lombarda

300 g de queso cottage

Precalentar el horno a 180 °C. Poner el pollo en una bandeja grande de horno, limpiar los boniatos, cortarlos por la mitad y añadirlos. Agregar por encima la harissa, 1 cucharada de vinagre de vino tinto, 1 cucharada de aceite de oliva y un poco de sal marina y pimienta negra. Frotar todo para recubrirlo con esta mezcla. Introducir la mitad de la menta en la cavidad del pollo y asar 1 hora y 20 minutos, o hasta que todo esté dorado y bien hecho.

Mientras, verter los garbanzos en un bol, incluido el líquido. Picar y agregar el resto de las hojas de menta y reservar las bonitas para luego, agregar la harina, sazonar y mezclar para formar una masa, y añadir un poco más de harina para ligarla si es necesario. Amasar sobre una superficie enharinada 2 minutos y luego dividir en seis bolas iguales y extenderlas con el rodillo hasta tener un grosor de algo menos de 1 cm. Freír los panes de dos en dos a fuego medio-alto en una sartén antiadherente grande, sin aceite, 4 minutos por cada lado, o hasta que estén dorados, y mantenerlos calientes en el horno. Cortar en rodajas finísimas o rallar la col lombarda y aliñarla con una pizca de sal y 2 cucharadas de vinagre de vino tinto. Servir el pollo y los boniatos con la col lombarda encurtida y los panes planos de garbanzo y decorarlo con las hojas de menta reservadas. Raspar los trocitos pegados en la bandeja y mezclar ligeramente con el queso cottage y una cucharada de los jugos del asado, y servir al lado.

ENERGÍA	GRASAS	GR. SAT	PROTEÍNAS	H. CARB.	AZÚCARES	SAL	FIBRA
517 kcal	19,8 g	5,1 g	47,1 g	39,3 g	5,6 g	1,4 g	8,6 g

1 FALSO RISOTTO DE CHAMPIÑONES

MEZCLA DE CEREALES, TOMILLO, AJO, CRÈME FRAÎCHE Y PARMESANO

2 POLLO CON CHAMPIÑONES A LA CAZADORA

VINO TINTO ITALIANO, SALSA DE PIMIENTO Y TOMATE, ROMERO Y ACEITUNAS

3 CANELONES DE CHAMPIÑONES

PUERROS DULCES, SALSA CREMOSA DE CEBOLLA Y QUESO CHEDDAR

4 PASTEL DE CHAMPIÑONES

AJO CRUJIENTE, SALSA DE CEBOLLA, CERVEZA Y ROMERO

5 SOPA DE CHAMPIÑONES AL HORNO

PAN, CEBOLLA ROJA, AJO, TOMILLO Y GRUYER

6 CACIO E PEPE CON CHAMPIÑONES

PASTA CLÁSICA CON QUESO PECORINO, ADEREZADA CON ACEITE DE TRUFA Y LIMÓN

7 SALTEADO DE SETAS Y TERNERA

PASTA, JENGIBRE, AJO, ACEITE DE CHILE, SALSA DE SOJA Y CEBOLLETAS

SETAS

FALSO RISOTTO DE CHAMPIÑONES

MEZCLA DE CEREALES, TOMILLO, AJO, CRÈME FRAÎCHE Y PARMESANO

2 RACIONES | 20 MINUTOS EN TOTAL

1 cebolla

250 g de champiñones Portobello

½ manojo de tomillo (10 g)

1 diente de ajo

1 paquete de mezcla de cereales cocidos (250 g)

300 ml de caldo de pollo o de verduras

40 g de queso parmesano

1 cda. colmada de crème fraîche semigrasa

Pelar y picar la cebolla, y ponerla a fuego medio en una cazuela antiadherente con ½ cucharada de aceite de oliva. Cortar los pies de los champiñones dejando unos bonitos sombreros, como se ve en la foto. Picar los pies y añadirlos a la sartén. Separar las hojas del tomillo y agregar a la sartén, y freír todo 10 minutos, o hasta que se ablande, revolviendo a menudo. A la vez, calentar a fuego medio una sartén antiadherente con ½ cucharada de aceite. Poner los sombreros de los champiñones boca arriba y freírlos hasta que se doren sin moverlos, unos 7 minutos. Pelar y picar el ajo, y separar las hojas de tomillo restantes.

Verter los cereales en la cazuela de la cebolla y alimentarlos con el caldo poco a poco durante 5 minutos, revolviendo cada minuto más o menos, hasta que adquieran una bonita consistencia cremosa. Dar la vuelta a los champiñones, añadir el ajo y el tomillo restante y freírlo 3 minutos más, y sacudir la sartén de vez en cuando. Rallar la mayor parte del parmesano sobre los cereales, incorporar la crème fraîche y sazonar al gusto. Repartir en los platos, colocar encima los champiñones, salpicar con el ajo y el tomillo fritos y, con la ayuda de un pelador de verduras, añadir unas virutas de parmesano.

ENERGÍA	GRASAS	GR. SAT	PROTEÍNAS	H. CARB.	AZÚCARES	SAL	FIBRA
423 kcal	18,8 g	7,1 g	17,1 g	44,9 g	7,3 g	1,8 g	7,8 g

POLLO CON CHAMPIÑONES A LA CAZADORA
VINO TINTO ITALIANO, SALSA DE PIMIENTO Y TOMATE, ROMERO Y ACEITUNAS

6 RACIONES | 1 HORA Y 30 MINUTOS EN TOTAL

6 muslos de pollo sin piel
y deshuesados

6 champiñones Portobello grandes

2 cebollas rojas

1 frasco de pimientos rojos asados (460 g)

12 aceitunas negras con hueso

4 ramitas de romero fresco

200 ml de vino tinto italiano

2 latas de tomate cherry (800 g)

Precalentar el horno a 180 °C. Sazonar el pollo con sal marina y pimienta negra, y ponerlo en una cazuela amplia y poco profunda a fuego medio-alto con 1 cucharada de aceite de oliva. Freír 10 minutos, o hasta que se dore, y darle la vuelta varias veces. Mientras tanto, trocear los champiñones, pelar y picar las cebollas, escurrir y trocear los pimientos, y deshuesar las aceitunas aplastándolas.

Sacar el pollo y reservarlo en un plato, y dejar la cazuela en el fuego. Añadir los champiñones, las cebollas, los pimientos, las aceitunas y las hojas separadas del romero. Cocinar 10 minutos, o hasta que se ablanden, y revolver a menudo. Verter el vino y dejar que se reduzca, y luego romper los tomates con una cuchara y agregarlos, y ½ lata de agua. Llevar a ebullición, añadir el pollo junto con el jugo que haya soltado y meter en el horno 1 hora, o hasta que el pollo esté tierno.

ENERGÍA	GRASAS	GR. SAT	PROTEÍNAS	H. CARB.	AZÚCARES	SAL	FIBRA
255 kcal	10,8 g	2,4 g	23,6 g	11 g	9 g	0,9 g	3,2 g

CANELONES DE CHAMPIÑONES
PUERROS DULCES, SALSA CREMOSA DE CEBOLLA Y QUESO CHEDDAR

6 RACIONES | 1 HORA Y 40 MINUTOS EN TOTAL

2 cebollas pequeñas	75 g de harina
2 dientes de ajo	1 litro de leche semidesnatada
2 puerros	120 g de queso cheddar
750 g de champiñones Portobello	250 g de tubos de canelones secos

Precalentar el horno a 180 °C. Pelar las cebollas y el ajo, y picarlos muy finamente en un procesador de alimentos. Verterlos en una cazuela grande a fuego medio-alto con 1 cucharada de aceite de oliva. Lavar los puerros, triturarlos en el procesador y añadirlos. Reservar 2 champiñones para más tarde, triturar el resto e incorporar a la cazuela. Sofreír 15 minutos revolviendo a menudo y luego sazonar al gusto y apagar el fuego. Mientras tanto, para la salsa, verter 3 cucharadas de aceite en una cacerola aparte a fuego medio. Añadir la harina y remover 2 minutos, y luego agregar la leche poco a poco. Cocer a fuego suave 5 minutos o hasta que espese. Rallar e incorporar el queso, y sazonar al gusto.

Verter un tercio de la salsa en una fuente de horno de 25 × 30 cm. Cuando el relleno esté lo bastante frío como para manipularlo, introducirlo en los tubos por ambos extremos y disponer los tubos alineados en la fuente. Cubrir con el resto de la salsa y decorar con los champiñones reservados cortados en láminas finas. Rociar con 1 cucharada de aceite y hornear 45 minutos, o hasta que la superficie esté dorada y los canelones bien hechos

ENERGÍA	GRASAS	GR. SAT	PROTEÍNAS	H. CARB.	AZÚCARES	SAL	FIBRA
489 kcal	22,4 g	8 g	20,6 g	53 g	13 g	0,7 g	3,6 g

PASTEL DE CHAMPIÑONES
AJO CRUJIENTE, SALSA DE CEBOLLA, CERVEZA Y ROMERO

4 RACIONES | 1 HORA Y 15 MINUTOS EN TOTAL

4 huevos grandes	2 cebollas
175 g de harina	4 ramitas de romero
175 ml de leche entera	250 ml de cerveza porter suave
4 champiñones Portobello grandes	2 dientes de ajo

Precalentar el horno a 200 °C. Batir los huevos con 150 g de harina, una pizca de sal marina, la leche y 2 cucharadas de agua para obtener una masa lisa, y reservar.

Pelar los champiñones y conservar las peladuras. Colocar el sombrero de los champiñones boca abajo en una fuente de horno grande antiadherente, rociar con 1 cucharada de aceite de oliva y sazonar con sal y pimienta negra. Asarlos 30 minutos. Mientras tanto, para la salsa, pelar las cebollas, cortarlas en tiras finas junto con las peladuras de los champiñones y ponerlas en una cazuela a fuego medio-bajo con 2 cucharadas de aceite. Añadir las hojas de la mitad del romero y cocinar 15 minutos, o hasta que adquiera un tono tostado, y revolver de vez en cuando. Añadir la cerveza y 2 cucharadas de vinagre de vino tinto, dejar que se reduzca a la mitad y luego agregar la harina restante. Incorporar poco a poco 700 ml de agua; revolver a menudo y dejar que cueza a fuego suave hasta que adquiera la consistencia deseada; luego, sazonar al gusto. Pelar y picar el ajo, separar las hojas del romero restante y mezclarlos con un poco de aceite.

Sacar la fuente del horno y reservar, de momento, los champiñones en un plato. Rápidamente, pero con cuidado, verter la masa en la fuente, colocar los champiñones cerca del centro y espolvorear con el ajo y el romero en aceite. Volver a meter en el horno 25 minutos o hasta que el pastel haya subido y esté dorado. Servir con la salsa.

ENERGÍA	GRASAS	GR. SAT	PROTEÍNAS	H. CARB.	AZÚCARES	SAL	FIBRA
410 kcal	18,8 g	4,3 g	15,5 g	45,2 g	9,1 g	1,3 g	3,4 g

SOPA DE CHAMPIÑONES AL HORNO

PAN, CEBOLLA ROJA, AJO, TOMILLO Y GRUYER

4 RACIONES | 50 MINUTOS EN TOTAL

2 cebollas rojas

4 dientes de ajo

½ manojo de tomillo (10 g)

300 g de champiñones

300 g de pan de soda de buena calidad

1 litro de caldo fresco de pollo o verduras

70 g de queso gruyer

Precalentar el horno a 180 °C. Pelar y cortar en dados las cebollas y pelar y cortar en rodajas finas los ajos. Ponerlos en una cazuela grande a fuego medio-bajo con 1 cucharada de aceite de oliva. Añadir las hojas del tomillo y sofreír 10 minutos; revolver a menudo mientras se cortan los champiñones y se parte el pan en trozos de 4 cm. Incorporar los champiñones a la cazuela, verter el caldo y llevar a ebullición. Agregar el pan y la mayor parte del queso después de rallarlo. Remover bien, rallar por encima el resto del queso, transferir la cazuela al horno y dejarla 25 minutos, o hasta que la sopa esté dorada y muy espesa. Sazonarla al gusto y servirla rociada con aceite de oliva virgen extra. Un plato de sopa que reconforta.

ENERGÍA	GRASAS	GR. SAT	PROTEÍNAS	H. CARB.	AZÚCARES	SAL	FIBRA
332 kcal	10,7 g	4,4 g	16,1 g	42 g	6,9 g	1 g	2,9 g

CACIO E PEPE CON CHAMPIÑONES

PASTA CLÁSICA CON QUESO PECORINO, ADEREZADA CON ACEITE DE TRUFA Y LIMÓN

1 RACIÓN | 10 MINUTOS EN TOTAL

75 g de espaguetis secos

25 g de queso pecorino o parmesano

2 champiñones Portobello

½ cucharadita de aceite de trufa

½ limón

Cocer la pasta en una olla con agua salada hirviendo según las instrucciones del paquete. Rallar finamente el queso y 1 champiñón en un bol pequeño, agregar el aceite de trufa, un poco de zumo de limón y dos buenos pellizcos de pimienta negra. Añadir 2 cucharadas del agua de la cocción de la pasta y mezclar muy bien.

Escurrir la pasta, devolverla a la olla y agregar la mezcla de champiñones con una espátula. Deberá quedar brillante pero no mojada, con el sabor intenso y picante de la pimienta negra. Servir la pasta en un plato y rallar finamente por encima el otro champiñón crudo, que aportará un sabor fresco y a frutos secos. Comer enseguida.

ENERGÍA	GRASAS	GR. SAT	PROTEÍNAS	H. CARB.	AZÚCARES	SAL	FIBRA
400 kcal	12,8 g	5,5 g	18,5 g	56,2 g	3 g	0,7 g	2,4 g

SALTEADO DE SETAS Y TERNERA

PASTA, JENGIBRE, AJO, ACEITE DE CHILE, SALSA DE SOJA Y CEBOLLETAS

2 RACIONES | 20 MINUTOS EN TOTAL

1 manojo de cebolletas

4 dientes de ajo

un trozo de jengibre de 6 cm

125 g de láminas de lasaña fresca

1 filete de solomillo de ternera (150 g)

250 g de setas ostra (gírgolas)

1½ cdas. de aceite de chile

1½ cdas. de salsa de soja baja en sal

Limpiar las cebolletas y cortarlas en trozos de 3 cm. Pelar y picar el ajo. Pelar el jengibre y cortarlo en tiras finas. Cortar las láminas de lasaña en tiras de 2 cm de grosor. Frotar el filete con 1 cucharadita de aceite de oliva, una pizca de sal marina y una pizca de pimienta negra. Poner a calentar una sartén antiadherente grande a fuego alto. Freír en seco los champiñones 3 minutos solo por un lado. Mientras, mezclar el aceite de chile, la salsa de soja, 1 cucharada de vinagre de vino tinto y una pizca de pimienta negra en un bol grande. Pasar los champiñones al bol y colocar la sartén de nuevo en el fuego.

Freír el bistec al gusto en la sartén caliente, darle la vuelta cada minuto y saltear las cebolletas, el ajo y el jengibre al lado, y revolverlos de vez en cuando. Al mismo tiempo, cocinar la pasta en una olla con agua salada hirviendo 3 minutos. Transferir la carne a una tabla, para que repose un momento, y, con unas pinzas, llevar la pasta directamente a la sartén, junto con el agua de la cocción que la acompañe. Apartar la sartén del fuego, verter los champiñones con el aderezo y mezclar. Repartir en los platos junto con el bistec cortado en tiras finas y rociar todo con el jugo que haya soltado la carne al reposar.

ENERGÍA	GRASAS	GR. SAT	PROTEÍNAS	H. CARB.	AZÚCARES	SAL	FIBRA
366 kcal	18,5 g	5,1 g	24,5 g	25,6 g	3,5 g	1,6 g	1,7 g

1 FILETE CON COSTRA DE PIMIENTA
CREMA DE MOSTAZA Y WHISKY, BRÓCOLI COCIDO

2 TERNERA GLASEADA AL JENGIBRE
MERMELADA DE CHILE, FIDEOS DE ARROZ, LIMA, PEPINO Y CACAHUTES

3 ENTRECOT CON CHIMICHURRI ROJO
PURÉ DE BONIATO, CEBOLLETAS A LA PLANCHA Y TROCITOS DE GRASA CRUJIENTES

4 SÁNDWICH DE TERNERA AL ESTILO JAPONÉS
WASABI, ENSALADA DE PEPINO PICANTE Y SEMILLAS DE SÉSAMO TOSTADAS

5 BISTEC AL MINUTO CON JAMÓN
RÖSTI DE PATATA Y ZANAHORIA, HUEVO FRITO Y ENSALADA DE ESPINACAS

6 ENTRECOT JUGOSO A LA PLANCHA
TOMATES, ALCACHOFAS, MENTA, LIMÓN Y CUSCÚS ESPONJOSO

7 SOLOMILLO WELLINGTON PARA 2
HOJALDRE, CREPES DE ESPINACAS Y PATÉ DE SETAS

FILETE
DE TERNERA

FILETE CON COSTRA DE PIMIENTA

CREMA DE MOSTAZA Y WHISKY, BRÓCOLI COCIDO

2 RACIONES | 20 MINUTOS EN TOTAL

1 brócoli (375 g)

1 chalota alargada

2 filetes de solomillo de ternera (300 g)

2 cdas. de whisky

1 cdta. colmada de mostaza de Dijon

100 ml de nata líquida

Cortar y desechar el extremo duro del tallo del brócoli. Con un pelador de verduras, quitar la capa exterior del tallo restante y luego cortar la cabeza por la mitad. Pelar y picar la chalota. Calentar a fuego fuerte una sartén grande antiadherente. Frotar los filetes con ½ cucharada de aceite de oliva, una pizca de sal marina y pimienta negra abundante, y ponerlos en la sartén caliente. Freírlos al gusto y darles la vuelta cada minuto. En una olla mediana, cocer el brócoli en agua salada hirviendo 5 minutos.

Sacar los filetes y dejarlos en un plato para que reposen. Echar la chalota en la sartén caliente con 1 cucharada de aceite. Saltearla 1 minuto para que se ablande. Añadir el whisky y, si se desea, flambear con mucho cuidado. Cuando la llama se apague, añadir la mostaza, la nata líquida y un chorrito de agua. Cocer a fuego suave 1 minuto e ir incorporando a la mezcla el jugo que suelte la carne al reposar. Emplatar el brócoli junto a la salsa cremosa y añadir el filete cortado en rodajas. Para terminar, rociar con 1 cucharadita de aceite de oliva virgen extra.

ENERGÍA	GRASAS	GR. SAT	PROTEÍNAS	H. CARB.	AZÚCARES	SAL	FIBRA
489 kcal	31,8 g	12,2 g	39,5 g	6,1 g	4,3 g	1,3 g	5,2 g

TERNERA GLASEADA AL JENGIBRE

MERMELADA DE CHILE, FIDEOS DE ARROZ, LIMA, PEPINO Y CACAHUETES

2 RACIONES | 20 MINUTOS EN TOTAL

90 g de fideos de arroz

½ pepino

un trozo de jengibre de 6 cm

1 lechuga romana

2 limas

1 cda. colmada de mermelada de chile

1 filete de entrecot de ternera (200 g)

30 g de cacahuetes sin sal

En un bol resistente al calor, cubrir los fideos con agua hirviendo. Cortar el pepino en juliana. Pelar y picar el jengibre. Separar y cortar en juliana las hojas exteriores de la lechuga, y dejar enteras las interiores más pequeñas. Para el aliño, rallar en un bol la ralladura y el zumo de una lima, la mitad de la mermelada de chile, 1 cucharada de vinagre de vino tinto y 1 cucharada de aceite de oliva virgen extra. Escurrir y refrescar los fideos, y colocarlos en una fuente con la lechuga y el pepino; verter el aliño y mezclar bien. Pulir el filete retirando los restos de grasa y tendón, cortarlo en dados de 2 cm y sazonarlo con sal marina y pimienta negra.

Calentar una sartén grande antiadherente a fuego fuerte. Picar los cacahuetes, tostarlos 3 minutos hasta que se doren y retirarlos, y volver a colocar la sartén en el fuego. Cuando esté caliente, añadir ½ cucharada de aceite de oliva y el jengibre. Saltearlo 1 minuto, añadir la carne y freírla 1 minuto, con cuidado de que no se haga demasiado. Incorporar la mayor parte de los cacahuetes y el resto de la mermelada de chile. Con una cuchara, transferir la carne a la fuente, espolvorear con el resto de los cacahuetes y servir con unos gajos de lima para exprimir por encima.

ENERGÍA	GRASAS	GR. SAT	PROTEÍNAS	H. CARB.	AZÚCARES	SAL	FIBRA
521 kcal	22,2 g	4,9 g	31,8 g	47,2 g	8,5 g	0,7 g	2,3 g

ENTRECOT CON CHIMICHURRI ROJO

PURÉ DE BONIATO, CEBOLLETAS A LA PLANCHA Y TROCITOS DE GRASA CRUJIENTES

2 RACIONES | 20 MINUTOS EN TOTAL

1 filete de entrecot de ternera
   de 260 g

2 dientes de ajo

2 boniatos (500 g)

1 manojo de cebolletas

2 chiles rojos frescos

½ frasco de pimientos rojos asados
   (230 g)

½ manojo de perejil de hoja plana
   (15 g)

Retirar la grasa del filete y cortarla en dados. Ponerla a fuego medio-bajo en una sartén antiadherente con los dientes de ajo sin pelar y revolverlos cada minuto con la grasa a medida que se fríen suavemente. Mientras tanto, pelar los boniatos y cortarlos en trozos de 4 cm. Cocerlos en agua hirviendo con sal 10 minutos o hasta que estén tiernos, y luego escurrirlos y machacarlos. Sazonar el puré y mantenerlo caliente. Limpiar las cebolletas, partir los chiles por la mitad y despepitarlos, y luego dorar todo en la grasa de la carne. Retirar 4 cebolletas y los trocitos crujientes de grasa, y reservarlos en un plato. Poner el resto de las cebolletas y los chiles en una batidora y añadir los ajos tiernos pelados. Escurrir los pimientos y agregarlos junto con el perejil, ½ cucharada de aceite de oliva virgen extra y ½ cucharada vinagre de vino tinto. Triturar hasta obtener una salsa fina y sazonar al gusto.

Subir al máximo el fuego de la sartén. Retirar los restos de tendón de la carne, sazonar el filete con sal marina y abundante pimienta negra, y freírlo al gusto; darle la vuelta cada minuto. Dejarlo reposar 1 minuto sobre las cebolletas y luego cortarlo en tiras. Poner 2 cucharadas de salsa en cada plato y guardar el resto para futuras comidas; colocar el filete encima, junto con el jugo que haya soltado al reposar, y acompañar con el puré de boniato, las cebolletas y los trocitos crujientes de grasa.

ENERGÍA	GRASAS	GR. SAT	PROTEÍNAS	H. CARB.	AZÚCARES	SAL	FIBRA
487 kcal	17,1 g	7,4 g	32,7 g	51,6 g	11,4 g	1,2 g	7,6 g

SÁNDWICH DE TERNERA AL ESTILO JAPONÉS

WASABI, ENSALADA DE PEPINO PICANTE Y SEMILLAS DE SÉSAMO TOSTADAS

1 RACIÓN | 15 MINUTOS EN TOTAL

¼ de pepino

1 cdta. de semillas de sésamo

1 filete magro de entrecot
   de ternera (150 g)

2 rebanadas de pan blando

1 cdta. de pasta de wasabi

20 g de berros

Pelar el pepino con un pelador de verduras y luego cortarlo en rodajas finas. En un bol, mezclarlo con una pizca de sal marina y 1 cucharada de vinagre de vino tinto, para encurtirlo rápidamente. Tostar las semillas de sésamo en una sartén antiadherente, hasta que estén ligeramente doradas, y reservarlas. Pulir el filete retirando los restos de grasa y tendón, y luego sazonarlo. Freírlo al gusto con un poco de aceite de oliva a fuego fuerte y darle la vuelta cada minuto.

Extender pasta de wasabi en el pan (¡tiene que picar!). Luego, poner el filete entre las dos rebanadas y cortar el sándwich en tiras. Mezclar los berros con el pepino, espolvorearlos con las semillas de sésamo tostadas y servir.

ENERGÍA	GRASAS	GR. SAT	PROTEÍNAS	H. CARB.	AZÚCARES	SAL	FIBRA
497 kcal	17,4 g	5,9 g	47,1 g	37,1 g	4,3 g	1,7 g	2,5 g

BISTEC AL MINUTO CON JAMÓN
RÖSTI DE PATATA Y ZANAHORIA, HUEVO FRITO Y ENSALADA DE ESPINACAS

1 RACIÓN | 20 MINUTOS EN TOTAL

1 patata pequeña (150 g)

1 zanahoria pequeña (100 g)

1 filete fino de ternera de 130 g

1 loncha de jamón serrano

1 ramita de salvia

1 huevo grande

¼ de cdta. de mostaza de Dijon

30 g de espinacas baby

Lavar la patata y la zanahoria, y rallarlas con un rallador de agujeros gruesos en tiras largas. Mezclar con una pizca de sal marina y poner sobre un paño de cocina limpio. Pulir el filete retirando los restos de grasa y tendón, colocar encima el jamón y las hojas de salvia, y golpearlo con el puño para aplanarlo y ayudar a que se peguen las hojas. Poner 1 cucharada de aceite de oliva en una sartén antiadherente fría de 30 cm. Exprimir bien el paño de cocina para eliminar el exceso de humedad de las hortalizas ralladas y luego esparcirlas de manera uniforme en la sartén. Aplanarlas, calentar a fuego medio-alto y freír 5 minutos, o hasta que estén crujientes y doradas. Usando un plato y con cuidado, dar la vuelta al rösti y deslizarlo de nuevo en la sartén para que se fría otros 3 minutos. Mientras tanto, calentar una sartén antiadherente mediana a fuego fuerte. Untar el filete con 1 cucharadita de aceite, freírlo 2 minutos, con el jamón debajo, y otro minuto más tras darle la vuelta. Al lado, freír el huevo al gusto con un poco de aceite.

Mezclar la mostaza, un poco de vinagre de vino tinto, un chorrito aceite de oliva virgen extra, sal y pimienta, y aliñar las espinacas. Deslizar el rösti en un plato y colocar encima el bistec, el huevo frito y las espinacas aliñadas, y comerlo enseguida.

ENERGÍA	GRASAS	GR. SAT	PROTEÍNAS	H. CARB.	AZÚCARES	SAL	FIBRA
566 kcal	26,1 g	5,6 g	49,9 g	36,6 g	6,4 g	2,6 g	5,7 g

ENTRECOT JUGOSO A LA PLANCHA
TOMATES, ALCACHOFAS, MENTA, LIMÓN Y CUSCÚS ESPONJOSO

2 RACIONES | 20 MINUTOS EN TOTAL

½ manojo de menta (15 g)

100 g de cuscús

1 filete de entrecot de ternera
de 200 g

20 g de almendras fileteadas

½ cucharada de miel fluida

160 g de tomates cherry maduros
de diferentes colores

½ frasco de corazones de alcachofa
en aceite (95 g)

1 limón pequeño en conserva

Separar las hojas de la menta. Poner los tallos en un bol con el cuscús, cubrir con agua hirviendo y tapar. Pulir el filete retirando el tendón y sazonarlo con una pizca de sal marina y una poco de pimienta negra. Con ayuda de unas pinzas, colocarlo de pie a fuego medio-alto en una sartén grande antiadherente apoyado en la grasa; cuando esta esté crujiente y dorada, ponerlo plano. Freírlo por las dos caras al gusto: yo lo prefiero al punto. Tostar las almendras al lado en los últimos 30 segundos. Añadir la miel, remover y, enseguida, retirar el filete y las almendras, y dejarlo reposar en un plato.

Poner los tomates en la sartén caliente y agregar las alcachofas escurridas junto con un buen chorrito de agua. Freír removiendo 2 minutos mientras se pica finamente el limón desechando las semillas. Incorporar el limón a la sartén junto con la mayoría de las hojas de menta y cocinar unos minutos más. Esponjar el cuscús, sazonar al gusto y repartirlo en los platos. Con una cuchara, añadir encima los tomates y las alcachofas. Agregar el filete cortado en tiras junto con las almendras y el jugo que haya soltado la carne, y terminar con las hojas de menta restantes.

ENERGÍA	GRASAS	GR. SAT	PROTEÍNAS	H. CARB.	AZÚCARES	SAL	FIBRA
470 kcal	16,9 g	3,5 g	34,4 g	47,9 g	8,8 g	1,4 g	7,1 g

SOLOMILLO WELLINGTON PARA 2
HOJALDRE, CREPES DE ESPINACAS Y PATÉ DE SETAS

2 RACIONES | 1 HORA Y 30 MINUTOS EN TOTAL

1 cebolla roja

250 g de setas variadas

1 pieza de solomillo de ternera de 230 g

½ manojo de tomillo (10 g)

2 huevos grandes

una taza de harina y un poco más para espolvorear

100 g de espinacas baby

1 lámina (320 g) de hojaldre de mantequilla (fría)

Pelar la cebolla y picarla junto con las setas. Calentar una sartén antiadherente de 30 cm a fuego fuerte. Salpimentar el solomillo y untarlo con una cucharadita de aceite de oliva. Dorarlo por todas partes 2 minutos y reservar. En la misma sartén a fuego medio, rehogar la cebolla y las setas con las hojas del tomillo 15 minutos, o hasta que estén tiernas. Triturarlas en un procesador de alimentos hasta obtener mezcla untable, sazonar al gusto y reservar. Después, triturar las espinacas con un huevo, la harina, una pizca de sal y una taza de agua, hasta obtener una masa lisa. Poner la sartén a fuego medio, untarla con aceite y verter una fina capa de la masa. Freír la crepe 1 minuto por cada lado sin que se dore. Pasarla a un plato para que se enfríe. Guardar la masa restante cubierta en la nevera, para el desayuno.

Precalentar el horno a 220 °C. Poner la crepe sobre una lámina de film transparente. Esparcir encima el paté de setas. Colocar el filete en el centro y envolverlo levantando el film. Tras retirar el film, poner el filete envuelto sobre un extremo de la lámina de hojaldre. Pincelar con huevo batido todo el hojaldre, enrollar el solomillo, recortar lo que sobre y sellar los lados pellizcándolos. Pincelar con huevo y usar los recortes para decorar si se desea. Asar en la parte inferior del horno 25 minutos o hasta que el hojaldre esté dorado por arriba y crujiente por debajo, para que quede un solomillo rosado y jugoso. Dejar reposar 2 minutos y servir.

ENERGÍA	GRASAS	GR. SAT	PROTEÍNAS	H. CARB.	AZÚCARES	SAL	FIBRA
616 kcal	34,1 g	19 g	33 g	44,1 g	7,3 g	1,1 g	5,5 g

1 CERDO CON SALSA BARBACOA Y AJO

CHIPS DE AJO, ROMERO, ARROZ CON ALUBIAS, TOMATES Y CHILE FRESCO

2 FILETE DE CERDO EMPANADO

ENSALADA ROSA DE PATATA Y HUEVOS FRITOS

3 SOLOMILLO DE CERDO CON JAMÓN

GRATÉN DE ÑOQUIS, QUESO Y GUISANTES, PESTO Y CHIPS DE SALVIA

4 CERDO CON SALSA DE ALUBIAS NEGRAS

FIDEOS DE ARROZ, VERDURAS CRUJIENTES, CHILE FRESCO, AJO Y PAN DE GAMBAS

5 MI VINDALOO DE CERDO

CALABAZA BUTTERNUT, AJO, HOJAS DE CURRY Y CHAPATIS

6 CERDO AGRIDULCE

LANGOSTINOS, MEZCLA DE VERDURAS, GUISANTES Y ARROZ ESPONJOSO

7 CERDO CON SALSA HOISIN

PAN AL VAPOR, CRUDITÉS Y GUISANTES CON WASABI PICADOS

CERDO

CERDO CON SALSA BARBACOA Y AJO

CHIPS DE AJO, ROMERO, ARROZ CON ALUBIAS, TOMATES Y CHILE FRESCO

2 RACIONES | 25 MINUTOS EN TOTAL

1 lata de 400 g de alubias negras

½ taza de arroz basmati (150 g)

4 dientes de ajo

2 ramitas de romero

1 pieza de solomillo de cerdo de 250 g

250 g de tomates cherry maduros
    de diferentes colores

2 chiles rojos frescos

2 cdas. de salsa barbacoa

Verter las alubias en una cacerola mediana a fuego medio-alto, incluido el líquido. Añadir ½ taza de arroz y una taza de agua hirviendo (300 ml). Sazonar con sal marina y pimienta negra, remover y cocer sin tapar 12 minutos. Tapar y apagar el fuego.

Mientras tanto, pelar y cortar el ajo en rodajas finas. Freírlo en una sartén antiadherente a fuego medio-alto con 1 cucharada de aceite de oliva y pasarlo a un plato cuando esté ligeramente dorado. Rehogar en la sartén la hojas del romero 1 minuto o hasta que estén crujientes. Pulir el solomillo retirando cualquier resto de tendón, cortarlo en dos trozos y frotarlo con pimienta. Freírlo 12 minutos, o hasta que esté bien hecho por dentro, girándolo a menudo. Mientras, cortar por la mitad o en cuartos los tomates cherry, cortar los chiles en rodajas finas, sazonar y mezclar con ½ cucharada de vinagre de vino tinto y ½ cucharada de aceite de oliva virgen extra. Transferir el cerdo a un plato, cubrirlo con la salsa barbacoa, engarzar alrededor los ajos y el romero fritos, y dejarlo reposar. Poner en una fuente el arroz y las judías, y servir al lado la ensalada de tomate y el cerdo.

ENERGÍA	GRASAS	GR. SAT	PROTEÍNAS	H. CARB.	AZÚCARES	SAL	FIBRA
434 kcal	19,7 g	4,7 g	38,7 g	20 g	9,2 g	1,6 g	13,9 g

FILETE DE CERDO EMPANADO
ENSALADA ROSA DE PATATA Y HUEVOS FRITOS

2 RACIONES | 20 MINUTOS EN TOTAL

1 lata de patatas nuevas (567 g)

50 g de cebollitas y pepinillos
    en vinagre

4 cdas. de yogur natural

1 cdta. colmada de mostaza de Dijon

2 remolachas pequeñas en conserva

2 filetes de lomo de cerdo (400 g)

3 huevos grandes

75 g de pan rallado

Verter las patatas, incluido el líquido, en una pequeña cacerola a fuego medio y cocerlas 3 minutos. Picar los pepinillos y las cebollitas, y en un bol grande, mezclarlos con el yogur y la mostaza. Escurrir las patatas, incorporarlas y sazonar al gusto. Picar la remolacha y ponerla encima en un montoncito, preparada para mezclarla más tarde.

Recortar y desechar la grasa de los filetes. Con un cuchillo afilado, cortar cada filete por el centro para abrirlo como un libro y aplastarlo con el puño. Batir un huevo en un plato hondo y poner el pan rallado en otro plato. Sazonar el cerdo, sumergirlo en el huevo, dejar que escurra el huevo sobrante y luego rebozarlo bien en el pan rallado. Poner una sartén grande antiadherente a fuego medio-alto con suficiente aceite de oliva para cubrir el fondo de la sartén. Cuando esté caliente, añadir los filetes de cerdo y freírlos 8 minutos, o hasta que estén dorados; darles la vuelta hacia la mitad del tiempo y después transferirlos a un plato cubierto con papel de cocina para escurrirlos, y dejar la sartén en el fuego. Rápidamente, cascar los huevos, freírlos al gusto y escurrirlos también. Revolver la ensalada de patatas y emplatar todo. Rociar con una pizca de pimienta negra y servir.

ENERGÍA	GRASAS	GR. SAT	PROTEÍNAS	H. CARB.	AZÚCARES	SAL	FIBRA
838 kcal	49,2 g	14,5 g	49,1 g	49,1 g	7,8 g	2,8 g	2,5 g

SOLOMILLO DE CERDO CON JAMÓN

GRATÉN DE ÑOQUIS, QUESO Y GUISANTES, PESTO Y CHIPS DE SALVIA

4 RACIONES | 50 MINUTOS EN TOTAL

500 ml de leche semidesnatada	8 lonchas de jamón serrano
60 g de queso parmesano	2 cdas. de pesto verde
500 g de ñoquis de patata	1 solomillo de cerdo (500 g)
320 g de guisantes congelados	½ manojo de salvia (10 g)

Precalentar el horno a 220 °C. Verter la leche en una batidora, rallar y añadir la mayor parte del queso; agregar solo 10 ñoquis y una pizca de pimienta negra. Triturar hasta obtener una textura fina para una salsa. Poner los ñoquis restantes y los guisantes en una sartén antiadherente de 26 cm apta para horno, calentar a fuego medio, agregar la salsa y llevar a ebullición. Mientras tanto, extender una hoja de papel parafinado de 50 cm, disponer encima las lonchas de jamón, una al lado de la otra, superponiéndolas ligeramente, y esparcir el pesto por encima. Pulir el solomillo retirando cualquier resto de tendón, frotarlo con un poco de pimienta negra, colocarlo en un extremo de la capa de jamón y, con ayuda del papel, enrollarlo y envolverlo en el jamón. Ponerlo en una fuente de horno engrasada. Por último, rallar el queso restante sobre los ñoquis y transferir la sartén al horno. Colocar la carne en la base del horno y asar todo 30 minutos.

Unos 5 minutos antes de que acabe el tiempo, sacar la fuente del solomillo y usar la salvia como un pincel para untar el cerdo con los jugos de la bandeja. Después, con cuidado, separar las hojas, esparcirlas sobre el cerdo y luego meterlo en el horno para que acabe de hacerse. Sacarlo del horno y dejarlo reposar 5 minutos, mientras los ñoquis siguen en el horno. Servir el solomillo y los ñoquis juntos, y regar la carne con el jugo que haya quedado en la fuente.

ENERGÍA	GRASAS	GR. SAT	PROTEÍNAS	H. CARB.	AZÚCARES	SAL	FIBRA
674 kcal	25,7 g	9,4 g	51,7 g	59,1 g	9 g	2,8 g	6,1 g

CERDO CON SALSA DE ALUBIAS NEGRAS

FIDEOS DE ARROZ, VERDURAS CRUJIENTES, CHILE FRESCO, AJO Y PAN DE GAMBAS

2 RACIONES | 15 MINUTOS EN TOTAL

90 g de fideos de arroz vermicelli

1 cebolla

1 chile rojo fresco

1 trozo de solomillo de cerdo de 250 g

4 dientes de ajo

175 g de mazorquitas de maíz y tirabeques

2 cdas. colmadas de salsa de alubias negras

20 g de pan de gambas

Poner a calentar a fuego fuerte una sartén grande antiadherente. En un bol resistente al calor, cubrir los fideos con agua hirviendo. Pelar la cebolla y cortarla en trocitos de 1 cm, cortar el chile en rodajas y freír todo en seco para que se dore en la sartén caliente 2 minutos; revolver a menudo. Pulir el cerdo retirando cualquier resto de tendón y luego cortarlo en dados de 2 cm. Pelar y picar el ajo, añadirlo a la sartén junto con la carne y 1 cucharada de aceite de oliva, y saltear 2 minutos. Cortar las mazorquitas y los tirabeques en trozos de 2 cm, agregarlos a la sartén y saltear otros 2 minutos. Añadir 1 cucharada de vinagre de vino tinto y la salsa de alubias negras. Dejar que cueza 30 segundos o hasta que el cerdo esté bien hecho por dentro, y luego sazonar al gusto.

Escurrir los fideos y repartirlos en los platos. Con una cuchara, agregar encima el cerdo, las verduras y la salsa de alubias negras. Espolvorear con el pan de gambas desmenuzado y ¡a comer!

ENERGÍA	GRASAS	GR. SAT	PROTEÍNAS	H. CARB.	AZÚCARES	SAL	FIBRA
574 kcal	19,8 g	4,2 g	34,9 g	62,8 g	9,8 g	0,6 g	2,8 g

MI VINDALOO DE CERDO

CALABAZA BUTTERNUT, AJO, HOJAS DE CURRY Y CHAPATIS

4 RACIONES | 1 HORA EN TOTAL

½ calabaza butternut (600 g)

2 cebollas

8 dientes de ajo

250 g de harina integral leudante

1 lata de tomates cherry (400 g)

1 solomillo de cerdo (500 g)

20 hojas de curry

2 cdas. colmadas de pasta de curry
    de Madrás

Precalentar el horno a 180 °C. Pelar la parte alargada de la calabaza y cortarla en dados de 2 cm. Pelar las cebollas y cortarlas en trozos del mismo tamaño. Pelar los ajos y partirlos por la mitad. Mezclar todo con 1 cucharada de aceite de oliva en una cazuela antiadherente amplia y poco profunda, y asar 40 minutos. Mientras tanto, poner la harina en un bol grande con una pizca de sal marina. Agregar poco a poco 150 ml de agua y mezclar para formar una masa. En una superficie enharinada, amasar 2 minutos y luego dividir la masa en 4 bolas iguales y aplanarlas con el rodillo para hacer chapatis finos. Freírlos en seco 1 minuto por cada lado a fuego alto en una sartén antiadherente, envolverlos en papel de aluminio y meterlos en el horno después de apagarlo, para conservarlos calientes.

Transferir la cazuela a un fuego medio-alto en la placa. Verter los tomates y 1 lata de agua, romper los tomates con una cuchara y cocer a fuego suave 10 minutos. Volver a calentar la sartén a fuego alto, retirar cualquier resto de tendón de la carne y cortarla en trozos de 2 cm. Ponerlos en la sartén con ½ cucharada de aceite y saltear 5 minutos. Agregar las hojas de curry, la pasta de curry de Madrás y 4 cucharadas de vinagre de vino tinto, y saltear 1 minuto, hasta que la carne esté bien recubierta por la salsa y hecha por dentro. Verter todo en la cazuela de la calabaza, remover bien y sazonar al gusto. Servirla acompañada de los chapatis tibios.

ENERGÍA	GRASAS	GR. SAT	PROTEÍNAS	H. CARB.	AZÚCARES	SAL	FIBRA
566 kcal	17 g	3,5 g	40,8 g	66,6 g	17,9 g	1,8 g	11,9 g

CERDO AGRIDULCE

LANGOSTINOS, MEZCLA DE VERDURAS, GUISANTES Y ARROZ ESPONJOSO

2 RACIONES | 15 MINUTOS EN TOTAL

½ taza de arroz basmati (150 g)

1 paquete de verduras variadas
    para saltear (320 g)

½ lata de melocotón troceado
    en almíbar (210 g)

1 cda. colmada de chutney de tomate
    y chile

1 cda. de salsa de soja baja en sal

2 filetes de lomo de cerdo (200 g)

80 g de langostinos crudos

2 cdas. de harina de maíz

Poner ½ taza de arroz, una taza de agua hirviendo (300 ml) y una pizca de sal marina en una olla pequeña. Tapar la olla y cocer el arroz a fuego medio 12 minutos, añadiendo la mezcla de verduras para cocerla al vapor tapada los últimos 2 minutos, y luego apagar el fuego.

Mientras tanto, para hacer una salsa, verter la mitad del almíbar del melocotón en un bol, agregar el chutney, la salsa de soja y 1 cucharada de vinagre de vino tinto. Calentar a fuego alto una sartén grande antiadherente. Quitar la grasa de los filetes de cerdo. Cortar la carne en trozos de 2 cm, mezclarla con los langostinos y rebozar todo con la harina de maíz. Poner 1 cucharada de aceite de oliva en la sartén caliente, agregar solo el cerdo enharinado y freírlo 4 minutos. Añadir los langostinos y saltearlos 1 minuto. Agregar después los melocotones escurridos y la salsa. Llevar a ebullición la salsa y cocer a fuego suave 1 minuto más. Apagar el fuego y sazonar al gusto. Esponjar el arroz, repartirlo en los platos con la mezcla de verduras y disponer encima el cerdo agridulce, los langostinos y los melocotones.

ENERGÍA	GRASAS	GR. SAT	PROTEÍNAS	H. CARB.	AZÚCARES	SAL	FIBRA
791 kcal	31,6 g	10 g	45,1 g	86,6 g	13,2 g	1,6 g	5,3 g

CERDO CON SALSA HOISIN

PAN AL VAPOR, CRUDITÉS Y GUISANTES CON WASABI PICADOS

4 RACIONES | TOTAL 25 MINUTES

250 g de harina leudante

1 solomillo de cerdo (500 g)

1 pepino

4 cebolletas

200 g de rabanitos

una lechuga francesa

30 g de guisantes con wasabi

4 cdas. de salsa hoisin

Poner la harina en un bol grande con una pizca de sal marina. Mezclarla con 150 ml de agua, amasar ligeramente sobre una superficie enharinada durante 2 minutos, cubrir la masa y dejarla reposar. Pulir la carne retirando cualquier resto de tendón, cortar el solomillo en dos trozos y frotarlo con pimienta negra. Ponerlo a fuego medio-alto en una sartén antiadherente de 30 cm con 1 cucharada de aceite de oliva y freírlo 15 minutos, o hasta que esté bien hecho, y darle la vuelta a menudo. Con un tenedor, raspar la piel del pepino a todo lo largo y luego cortarlo en rodajas finas. Limpiar las cebolletas y cortarlas en rodajas finas junto con los rabanitos. Lavar la lechuga y separar las hojas. Machacar los guisantes con wasabi en un mortero.

Transferir el cerdo a un plato y dejar la sartén en el fuego. Recubrir la carne con la salsa hoisin y dejarla reposar. Añadir a la sartén caliente ½ cm de agua. Untar con un poco de aceite una hoja grande de papel parafinado, colocar encima la masa de harina, estirarla hasta formar un pan plano de 30 cm y marcarlo ligeramente en cuartos. Recortar el papel para acomodarlo junto con la masa en la sartén, tapar y cocer al vapor 5 minutos, o hasta que el pan esté bien hecho. Llevar todo a la mesa.

ENERGÍA	GRASAS	GR. SAT	PROTEÍNAS	H. CARB.	AZÚCARES	SAL	FIBRA
515 kcal	14,2 g	4,1 g	36,9 g	62,3 g	11,7 g	1,8 g	4,9 g

UNA NOTA DEL EQUIPO DE NUTRICIÓN DE JAMIE

Nuestro trabajo es ayudar a que Jamie pueda ser supercreativo y a la vez asegurarnos de que todas sus recetas cumplan nuestras recomendaciones. Cada libro se resume en una idea diferente y la de *7 ideas* es proporcionarte un montón de inspiración para cocinar a diario. El 72 % de las recetas se adaptan a nuestras recomendaciones dietéticas; algunas son comidas completas, pero otras deberían equilibrarse. Para que sea más claro y puedas tomar decisiones fundamentadas, hemos incluido la información nutricional de cada plato junto a la receta; así podrás tener una idea rápida de cómo distribuir estas recetas en la semana.

La comida es disfrute, alegría y creatividad; nos aporta energía y tiene un papel esencial en la salud. La dieta equilibrada y el ejercicio regular son la clave para un estilo de vida saludable. Aquí no etiquetamos los alimentos como «buenos» o «malos» —hay un momento para todo—, pero promovemos la diferencia entre los alimentos nutritivos para tomar a diario y los de consumo ocasional. Para más información sobre nuestras recomendaciones y sobre cómo analizamos las recetas, visita **jamieoliver.com/nutrition**.

Rozzie Batchelar – Nutricionista (registrada en la AfN del Reino Unido)

A PROPÓSITO DEL EQUILIBRIO

El equilibrio es básico en la alimentación. Si lo que sirves en tu plato está equilibrado y las raciones son adecuadas, estás en el buen camino para gozar de una buena salud. Es importante consumir alimentos variados para poder obtener los nutrientes que el cuerpo necesita. No tienes que ser estricto cada día, se trata de mantener un equilibrio a lo largo de la semana. Si tu dieta incluye carne y pescado, toma como norma dos raciones de pescado a la semana, una de ellas de pescado azul. El resto de las comidas principales de la semana puedes repartirlas entre estupendos platos vegetarianos, aves de corral y un poco de carne roja. Una dieta vegetariana puede ser también perfectamente saludable.

QUÉ SIGNIFICA EQUILIBRIO

La siguiente tabla, basada en la guía alimentaria oficial del Reino Unido, muestra las proporciones de cada grupo de alimentos que deberías consumir cada día para mantener un equilibrio adecuado.

LOS CINCO GRUPOS DE ALIMENTOS	PROPORCIÓN*
Hortalizas y frutas	39 %
Hidratos de carbono complejos (pan, arroz, patatas, pasta)	37 %
Proteínas no lácteas (carne magra, pescado, huevos, otras fuentes)	12 %
Productos lácteos y sustitutivos	8 %
Grasas insaturadas (como los aceites)	1 %
Y NO OLVIDES BEBER MUCHA AGUA	

*El 3 % restante corresponde a alimentos que pueden disfrutarse de vez en cuando.

HORTALIZAS Y FRUTAS

Si quieres llevar un vida sana, las hortalizas y las frutas deberían ocupar un lugar central en tu dieta. En sus múltiples colores, formas, tamaños, sabores y texturas, aportan diferentes vitaminas y minerales con papeles esenciales para el funcionamiento óptimo del cuerpo. Por ello, la variedad es la clave. Busca el arcoíris, varía tanto como puedas lo que comes y respeta las estaciones para obtener los productos mejores y más nutritivos. Como mínimo, toma 5 porciones de hortalizas y frutas frescas, congeladas o en conserva, todos los días de la semana, y aumenta este número siempre que puedas. Una ración equivale a 80 g o un puñado grande. También sirven como ración diaria 30 g de frutos secos, 80 g de legumbres y 150 ml de zumo no endulzado de hortalizas o de fruta.

HIDRATOS DE CARBONO COMPLEJOS

Los hidratos de carbono aportan gran parte de la energía que el cuerpo necesita para moverse y para que los órganos realicen sus funciones. Si es posible, elige cereales y harinas integrales ricos en fibra. La cantidad diaria recomendada de hidratos de carbono es de 260 g para un adulto medio. De estos, hasta 90 g pueden ser azúcares, que incluyen los azúcares naturales de la fruta y los lácteos, y no más de 30 g de azúcares libres. Estos últimos son los que se añaden a los alimentos y bebidas, como los que se encuentran en la miel, los jarabes, los zumos y los batidos. La fibra se clasifica como hidrato de carbono y se encuentra sobre todo en alimentos de origen vegetal, como los cereales integrales, las hortalizas y las frutas. Favorece la salud del sistema digestivo y ayuda a regular la cantidad de azúcar en la sangre y el colesterol. Los adultos deberían tomar al menos 30 g al día.

PROTEÍNAS

Imagina las proteínas como los componentes básicos del cuerpo: se usan para todo lo que implica crecimiento y reparación. Intenta variar las fuentes de proteínas e incluye vegetarianas. Entre las animales, si es posible, elige carnes magras, evita la carne procesada e intenta comer pescado al menos 2 veces a la semana, una de ella pescado azul. En general, entre los 19 y los 50 años, las mujeres deberían tomar 45 g de proteína por día, y los hombres, 55 g.

PRODUCTOS LÁCTEOS Y SUSTITUTIVOS

Los lácteos ofrecen una increíble variedad de nutrientes siempre que se consuman en las cantidades correctas. Intenta tomar la leche y el yogur ecológicos, y pequeñas cantidades de queso; los bajos en grasa (sin azúcar añadido) son también magníficos y vale la pena considerarlos. Es fantástico poder contar con alternativas vegetarianas, aunque en el aspecto nutricional no son equivalentes a los lácteos. Para complementar lo que en esencia es agua con sabores, busca una opción enriquecida y no edulcorada.

GRASAS INSATURADAS

Aunque necesitamos pocas grasas, estas deberían ser sanas. Si puedes, elígelas insaturadas, de fuentes como el aceite de oliva y los aceites vegetales líquidos, frutos secos, semillas, aguacate y pescado azul rico en omega-3. Como término medio, las mujeres no deberían tomar al día más de 70 g de grasas, con un máximo de 20 g de grasas saturadas, y los hombres, no más de 90 g, con un máximo de 30 g de grasas saturadas.

BEBE MUCHA AGUA

Para estar en tu estado óptimo, mantente hidratado. ¡El agua es esencial para la vida y para todas las funciones del cuerpo humano! En general, las mujeres necesitan beber al menos 2 litros de agua por día, y los hombres, al menos 2,5 litros.

NECESIDADES NUTRICIONALES

Por término medio, las mujeres necesitan unas 2.000 calorías al día, y los hombres, 2.500. Estas cifras son una guía aproximada. Se deberían tener en cuenta, además, factores como la edad, la constitución, el estilo de vida y el grado de actividad.

¡GRACIAS!

He escrito muchas páginas de agradecimientos a lo largo de los años, pero eso no ha hecho que se vuelva más fácil. Tanto en mi negocio como fuera de él, hay un montón de gente maravillosa que contribuye a la realización de los libros o forma parte de la increíble red de apoyo que se crea alrededor de ellos. Es imposible que pueda nombrar a todos estos seres especiales, así que este año he intentado ser breve y conciso. Si tu nombre no aparece aquí y sabes que tu papel ha sido importante, dímelo, ¡te debo una cerveza!

Primero, como siempre, a mi equipo culinario de primera. Estoy muy agradecido por contar con un grupo fantástico de personas que comparten el amor por la comida. A la excepcional Ginny Rolfe y al resto de esta increíble banda, Maddie Rix, Jodene Jordan, Elspeth Allison, Rachel Young, Hugo Harrison, Sharon Sharpe, Becky Merrick, Lydia Lockyer y Helen Martin, y a nuestros colaboradores externos, Isla Murray, Sophie Mackinnon y Francesca Paling. A mi fiel pareja culinaria, Pete Begg y Bobby Sebire: no sé si sois mi pareja laboral, si sois pareja laboral entre vosotros o si estamos todos juntos en esto. De cualquier manera, ¡muchas gracias!

A mis espectaculares equipos técnicos y de nutrición: vosotros controláis mi trabajo, yo controlo el vuestro y juntos somos difíciles de vencer. En este proyecto se merecen una mención especial Rozzie Batchelar y Lucinda Cobb.

Mi agradecimiento especial para mi vegetariana favorita y editora principal Rebecca Verity; para la nueva chica del grupo, la editora ayudante Jade Melling, y para resto del equipo.

Mi gratitud para Levon Biss, nuestro fotógrafo en esta ocasión. Sé que es la primera vez que trabajas con comida y no estoy seguro de si lo repetirás, pero ha sido un placer. Me encanta la energía y la vida que has aportado a estas páginas. Un gran agradecimiento para el asistente, Mr. Richard Clatworthy, con mucho cariño, y a las encantadoras damas Lima O'Donnell y Julia Bell.

En el frente del diseño, una ovación para mi compañero James Verity, de la agencia creativa Superfantastic. Sigues siendo rápido y siegues siendo especial. Gracias por ser parte fundamental del equipo y por arrimar siempre el hombro.

¡TODOS!

A mis editores, el ilustre equipo de Penguin Random House. Estoy seguro de que, como yo, habéis trabajado en este libro pensando en nuestro querido difunto John Hamilton, considerando las decisiones bajo su perspectiva. Un abrazo sincero, sabéis que os quiero mucho y os agradezco siempre vuestro apoyo y amistad. A Tom Weldon, Louise Moore, Elizabeth Smith, Clare Parker, Ella Watkins, Juliette Butler, Katherine Tibbals, Lee Motley, Sarah Fraser, Nick Lowndes, Christina Ellicott, Rachel Myers, Katie Corcoran, Natasha Lanigan, El Beckford, Louise Blakemore, Chantal Noel, Vanessa Forbes, Catherine Wood, Joshua Crosley, Jane Kirby, Lee-Anne Williams, Jade Unwin, Chris Wyatt, Tracy Orchard, Jane Delaney, Anna Curvis, Catherine Knowles. También a nuestros fieles colaboradores externos, Annie Lee, Sophie Elletson, Emma Horton y Caroline Wilding.

Al resto de los que trabajan a mi lado. Tengo la suerte de estar rodeado de personas brillantes todos los días y nunca lo doy por sentado. Cada equipo va un paso más allá y estoy muy agradecido por ello. Quiero hacer referencia a los más cercanos a la producción y promoción de este libro, y dar las gracias a mis equipos de marketing y relaciones públicas, Jeremy Scott, Katie McNeilage, Rosalind Godber, Michelle Dam, Saskia Wirth y Heather Milner. A mi excelente administrador de redes sociales, Subi Gnanaseharam, y a su equipo. A nuestro gran líder, mi cuñado y director ejecutivo, Paul Hunt; mi ayudante, Louise Holland; mi directora de contenidos, Zoe Collins; el jefe de producción del grupo, Sean Moxhay, y mi legendario asistente ejecutivo, Ali Solway. Y al resto de los equipos involucrados, ¡os quiero a todos!

En cuanto a la televisión, estoy agradecido por trabajar junto a un montón de leyendas. Echa un vistazo al programa, donde aparecen todos citados en los créditos por los brillantes trabajos que desempeñan. Mi cariño especial para Sam Beddoes y Katie Millard, y para sus maravillosos equipos. A mi familia de Channel 4 y al grupo de Fremantle, ¡gracias!

Y, para terminar, a mi maravillosa familia. A ella le debo mantenerme cuerdo (casi todo el tiempo). Gracias por vuestro constante amor, apoyo y aliento. A mi querida Jools, a nuestro variopinto equipo, Poppy, Daisy, Buddy, Petal y el pequeño River; a mis queridos padres, mi hermana Anna-Marie y a la Sra. Norton y Leon. Por último, pero no menos importante, a Gennaro Contaldo, ¡eres el mejor!

ÍNDICE

Las recetas marcadas con una V son aptas para vegetarianos; los quesos no vegetarianos, como el parmesano, pueden sustituirse por opciones vegetarianas. Algunas recetas de carne picada y salchichas, marcadas con un ✳ también se pueden elaborar con alternativas vegetarianas).

A

P

Si deseas consultar la lista completa de
recetas vegetarianas, veganas, sin lácteos
y sin gluten de este libro, visita:
jamieoliver.com/7ways/reference

LIBROS DE JAMIE OLIVER

¿QUIERES MÁS?

Para encontrar consejos útiles sobre nutrición, vídeos, artículos, sugerencias,
trucos e ideas sobre innumerables temas, montones de recetas geniales
y mucho más, consulta:

JAMIEOLIVER.COM   #JAMIES7WAYS

Título original: *7 Ways: Easy Ideas For Every Day Of The Week*

Primera edición: octubre de 2020

Edición original publicada por Michael Joseph, un sello de Penguin Books Ltd., Londres, 2020

Penguin Books forma parte de Penguin Random House

© 2020, Jamie Oliver

© 2020, Levon Biss, por las fotografías

© 2020, Penguin Random House Grupo Editorial, S.A.U. Travessera de Gràcia, 47-49. 08021 Barcelona

© 2020, Pilar Alba Navarro, por la traducción

Fotografía de la dedicatoria de James Mooney

Diseño: Superfantastic

Reproducción de color por Altaimage Ltd.

Tipografía de la cubierta: © 2007 P22 Underground Pro Demi, All Rights Reserved P22 type foundry, Inc.

Maquetación: Miguel Ángel Pascual

Impreso en Graphicom (Italia)

ISBN: 978-84-18007-74-3

Depósito legal: B-8164-2020

DO07743

www.greenpenguin.co.uk

MIX
Paper from
responsible sources
FSC
www.fsc.org   FSC® C018179

Penguin
Random House
Grupo Editorial